C.H.BECK WISSEN

Seit über 600 Jahren leben Sinti und Roma in Europa, und doch ist ihre Geschichte weitgehend unbekannt. Karola Fings erzählt, wie sich Roma aus dem Südosten kommend in den europäischen Ländern ansiedelten und sich trotz Vertreibungen und Assimilationsdruck gesellschaftlich und ökonomisch eine Existenz aufgebaut haben. Sie erklärt, wie sich bis heute gültige Stereotype über «Zigeuner» herausbildeten und welche Folgen dies für Angehörige der Minderheit hat. Besonderes Augenmerk gilt dem nationalsozialistischen Völkermord an den Sinti und Roma, der auch die nachfolgenden Generationen prägt. Abschließend zeigt die Autorin, was die Umwälzungen in Europa seit den 1990er-Jahren für die Minderheit bedeuten. Sie beschreibt die aktuellen Lebensverhältnisse und welche Hoffnungen sich mit der Politik der Europäischen Union verbinden. Wer sich jenseits von Vorurteilen und weit verbreitetem Halbwissen über die wechselvolle Geschichte und Gegenwart von Sinti und Roma informieren will, sollte diese umfassende, anschauliche und kompakte Darstellung lesen.

Karola Fings ist Historikerin und stellvertretende Direktorin des NS-Dokumentationszentrums der Stadt Köln. Sie hat zahlreiche Veröffentlichungen zu Sinti und Roma und verschiedenen Aspekten der NS-Verfolgung vorgelegt.

Karola Fings

SINTI UND ROMA

Geschichte einer Minderheit

C.H.Beck

Mit 5 Abbildungen und 1 Karte
Karte: © Peter Palm, Berlin

1. Auflage. 2016

2., aktualisierte Auflage. 2019

Originalausgabe

Satz: C.H.Beck.Media.Solutions, Nördlingen
Druck und Bindung: Druckerei C.H.Beck, Nördlingen
Reihengestaltung Umschlag: Uwe Göbel (Original 1995, mit Logo),
Marion Blomeyer (Überarbeitung 2018)
Umschlagabbildung: August Sander, «Zigeunerprimas» (Ausschnitt),
1929 oder 1931, Silbergelatineabzug, 28,1 × 20,6 cm,
The J. Paul Getty Museum, Los Angeles, © J. Paul Getty Trust
Printed in Germany
ISBN 978 3 406 73612 4

www.chbeck.de

Inhalt

Abkürzungen

BGH	Bundesgerichtshof
ECRI	Europäische Kommission gegen Rassismus und Intoleranz
ERIAC	European Roma Institute for Arts and Culture
ERTF	European Roma and Travellers Forum
EU	Europäische Union
GfbV	Gesellschaft für bedrohte Völker
GzVeN	Gesetz zur Verhütung erbkranken Nachwuchses
IRU	International Romani Union
KFOR	Kosovo Force
KZ	Konzentrationslager
NATO	North Atlantic Treaty Organization
NSDAP	Nationalsozialistische Deutsche Arbeiterpartei
OSF	Open Society Foundations
OSZE	Organisation für Sicherheit und Zusammenarbeit in Europa
RCU	Rom und Cinti Union
RHF	Rassenhygienische und bevölkerungsbiologische Forschungsstelle
RKPA	Reichskriminalpolizeiamt
RNC	Roma National Congress
RSHA	Reichssicherheitshauptamt
SA	Sturmabteilung (der NSDAP)
SD	Sicherheitsdienst
Sipo	Sicherheitspolizei
SS	Schutzstaffel (der NSDAP)
UNESCO	United Nations Educational, Scientific and Cultural Organization
UNICEF	United Nations Children's Emergency Fund
USHMM	United States Holocaust Memorial Museum
VdS	Verband der Sinti Deutschlands

Vorwort

Sinti und Roma sind die größte Minderheit in Europa und seit mehr als sechshundert Jahren an der Entstehung der europäischen Kultur beteiligt. Nach Schätzungen des Europarates leben rund elf Millionen Angehörige in den 47 Staaten Europas, etwas mehr als die Hälfte von ihnen in den Staaten der Europäischen Union. Doch das Wissen über die Geschichte der Sinti und Roma ist gering. Stattdessen bestimmen jahrhundertealte rassistische Stereotype nicht nur den Blick, sondern auch die Politik gegenüber der Minderheit in Europa.

Grundlegend ist die Tatsache, dass es *die* Roma und Sinti nicht gibt. Angehörige dieser Minderheit gehören unterschiedlichen regionalen, nationalen und sprachlichen Gruppen an, ihre individuellen Lebensentwürfe sind so unterschiedlich wie die der Mehrheitsgesellschaft.

Bis zu Beginn des 20. Jahrhunderts ist die Geschichte der Roma und Sinti nahezu ausschließlich aus der Perspektive der Dominanzgesellschaften überliefert. Die Quellen stammen in der Regel aus dem polizeilich-politischen oder ethnologisch-rassistischen Diskurs und geben daher kaum Auskunft über Lebenssituationen und Perspektiven der Betroffenen. Hinzu kommt: Das über Jahrhunderte tradierte «Wissen», breit überliefert in Literatur und Lexika, repräsentiert in Malerei, Fotografie oder Oper, ist höchst spekulativ. Es floss in ein weitgehend unhinterfragtes Bild von «Zigeunern» ein, mit dem Roma und Sinti – in romantisierender, kriminalisierender Weise oder rassenanthropologischer Absicht – so wie Juden als «Fremde» in Europa markiert wurden. Ein großer Teil der Literatur über Sinti und Roma ist daher unbrauchbar, wenn man etwas zur Geschichte der Minderheit erfahren will.

Historikerinnen und Historiker haben sich erst spät auf wissenschaftlich fundierte Weise mit der Geschichte der Minderheit befasst. Es überwiegen ethnologische Studien, die sie als einen vormodernen Restbestand menschlicher Zivilisation exotisieren, indem sie vermeintlich fremdartige kulturelle Praktiken als eine überzeitliche «Zigeuneridentität» herausstellen. Diesem Pfad folgt der vorliegende Band bewusst nicht.

Dennoch birgt jedes Schreiben über Sinti und Roma die Gefahr einer Homogenisierung und Exotisierung und damit auch die Gefahr, Stereotype zu reproduzieren. Ob sie als verhasste Fremde oder als bemitleidenswerte Opfer von Diskriminierung dargestellt werden, stets wird ihnen dabei als Gruppe ein Objektstatus zugewiesen, werden sie als Subjekte der Geschichte negiert. Dieses Dilemma lässt sich selbst bei kritischer Reflexion nicht auflösen: Das Schreiben bleibt ein Akt von Diskursmacht, mit dem aus privilegierter Position Deutungen und Zuschreibungen vorgenommen werden.

Die Darstellung hat weder den Raum noch den Anspruch, die ganze europäische Geschichte und alle europäischen Staaten abzudecken, sondern beschränkt sich auf wesentliche oder exemplarische Prozesse und Ereignisse. Der Band will zu einer differenzierten Sicht auf die Geschichte und Gegenwart der Minderheit beitragen. Voraussetzung dafür ist ein Blick auf die gesellschaftlichen Prozesse, die Zuschreibungen und Exklusionspraktiken seitens der Mehrheitsgesellschaft hervorbringen, und damit auch eine Auseinandersetzung mit der Entwicklung der Nationalstaaten und des bürgerlichen Subjekts in Europa.

1. Mehrheit und Minderheit

Selbst- und Fremdverortungen

Roma, Sinti und «Gadje» In den Institutionen der Europäischen Union wird «Roma» mehrheitlich als Sammelbegriff für die Angehörigen der Minderheit der Sinti und Roma verwendet. «Rom» heißt in der Sprache Romanes «Mann» oder «Ehemann». Im deutschsprachigen Raum sind die Selbstbezeichnungen «Sinti» und «Roma» gebräuchlich. Während das Wort «Rom» in allen Dialekten des Romanes bekannt ist und daher zum alten Bestand der Sprache zählt, ist «Sinti» als Selbstbezeichnung der deutschsprachigen Minderheit erstmals Ende des 18. Jahrhunderts belegt. Das Wort ist also nicht voreuropäischen Ursprungs, womit die These, es lasse sich von der heute zu Pakistan gehörenden Provinz Sindh ableiten, widerlegt ist. Die Gruppenidentität von Sinti hat sich aufgrund ihrer langen Zugehörigkeit zum deutschen Sprachraum herausgebildet.

Das Wortpaar «Sinti und Roma» dient in Deutschland als Sammelbezeichnung für verschiedene Romanes sprechende Gruppen, von denen die Gruppen der Sinti und der Roma die größten sind. In Österreich wird dagegen von «Roma und Sinti» gesprochen, da dort mehr Roma als Sinti beheimatet sind. «Sinti» beziehungsweise «Roma» sind Gruppenbezeichnungen und zugleich männliche Pluralformen. Die männliche Singularform ist «Sinto» beziehungsweise «Rom», die weibliche Singularform ist «Sintez(z)a» oder «Sintiz(z)a» beziehungsweise «Romni». Die weiblichen Pluralformen sind «Sintez(z)e/Sintiz(z)e» und «Romnja».

Selbstentwürfe von Angehörigen der Minderheit sind, wie bei jedem Individuum, vielfältig. Beruf und Sozialstellung, Alter und Geschlecht, Heimat und Nation, Religion, Werte und Überzeugungen prägen das Selbstbild ebenso wie die Zugehörigkeit zur Minderheit. Für die Identität als Roma oder Romnja ist die Abgrenzung gegenüber Nicht-Roma konstitutiv. Menschen, die nicht als der Minderheit zugehörig angesehen werden, werden als «Gadje» (Plural) bezeichnet. Auf Romanes bedeutet «Gadjo» (Singular, männlich; «Gadji» = Singular, weiblich) Bauer, Mann oder auch Mensch und wird für Angehörige der Mehrheitsgesellschaft verwendet. Allerdings ist dieser Begriff bei vielen Roma nur für Gadje in der näheren Umgebung gebräuchlich, während Gadje aus anderen Ländern mit ihrer Nationalität bezeichnet werden, also etwa als Franzosen, Deutsche oder Serben. Die begriffliche Unterscheidung zwischen den Menschen aus der Ferne und den Menschen in der Nähe belegt die starke Verbundenheit mit der Heimat.

Heterogenität der Minderheit Die in Europa beheimateten Angehörigen der Sinti und Roma werden nach sprachlichen Merkmalen verschiedenen Gruppen zugeordnet. Vereinfacht spricht man von Roma in Ost- und Südosteuropa, von Sinti im deutschsprachigen Raum (auch in Teilen von Norditalien, Belgien, den Niederlanden sowie mit der Untergruppe der Manusch in Frankreich), von den Kalé in Spanien und Südfrankreich, den Ciganos in Portugal sowie von den Romanichals in Großbritannien. Tatsächlich ist die Minderheit viel diversifizierter. Von Portugal bis Russland und von Italien bis Norwegen lassen sich rund fünfzig Gruppen mit weiteren Untergruppen benennen. Diese Unterscheidungen gehen, wie beispielsweise die Abgrenzung zwischen Bayern, Rheinländern und Sachsen, auf regionale Herkunft, berufliche Traditionen, sprachliche Besonderheiten sowie Gebräuche zurück.

In Deutschland leben heute schätzungsweise 80 000 bis 120 000 Sinti und Roma mit deutscher Staatsangehörigkeit. Zu dieser autochthonen, also alteingesessenen deutschen Gruppe zählen vor allem die seit dem 15. Jahrhundert in den deutschen Landen ansässigen Sinti. Als «deutsche Roma» wird in Abgrenzung dazu eine kleinere Gruppe bezeichnet, deren Vorfahren Ende des 19. und zu Beginn des 20. Jahrhunderts in das Deutsche Reich einwanderten und die Staatsangehörigkeit eines der deutschen Staaten erwarben. Zu erwähnen sind in diesem Zusammenhang außerdem die Kalderasch und Lowara, die in den 1950er-Jahren aus Polen, der Tschechoslowakei und Österreich in die Bundesrepublik kamen. In ihren Herkunftsfamilien wurde oftmals neben dem Romanes auch Deutsch gesprochen.

Außerdem lebt in der Bundesrepublik die schwer zu quantifizierende Gruppe der «Gastarbeiter»-Roma, die seit Ende der 1960er-Jahre aus dem damaligen Jugoslawien in die Bundesrepublik migrierte. Viele von ihnen, insbesondere die Angehörigen der dritten Generation, sind inzwischen auch deutsche Staatsbürger. Schließlich sind noch die Roma zu nennen, die am kürzesten in Deutschland beheimatet sind. Als Asylsuchende und Bürgerkriegsflüchtlinge kamen sie seit den 1980er-Jahren aus Jugoslawien und seinen Nachfolgestaaten oder seit 2000 als Zuwandernde aus der erweiterten Europäischen Union. Ihre Anzahl wird auf mehrere Zehntausend geschätzt.

Die Verwendung des Wortpaares «Sinti und Roma» für alle in der Bundesrepublik lebenden Angehörigen der Minderheit erweist sich in der Praxis als problematisch, weil der Begriff inkonsistent ist: «Sinti» als Bezeichnung für eine Teilgruppe steht gleichrangig neben der Gesamtbezeichnung «Roma», die in dem Wortpaar wiederum auf die osteuropäischen Roma bezogen ist. So ist nicht selten von «Sinti- und Romaflüchtlingen» die Rede, auch wenn sich in der angesprochenen Gruppe keine Sinti befinden. Einige Angehörige der Minderheit lehnen den Begriff ab, weil er die Heterogenität nicht hinreichend repräsentiere. Sie favorisieren als Selbstbezeichnung den eigenen Gruppennamen, also «Lowara», «Kalderasch», «Lalleri» oder Ähnliches, und als Fremdbezeichnung je nach politischem Standort entweder «Zigeuner» (das bevorzugen nur wenige) oder je nach Kontext eine Reihung verschiedener Gruppenbezeichnungen.

Es bleibt festzuhalten: Roma sind kein homogenes «Volk». Die Gemeinschaften sind stark ausdifferenziert und haben mit den europäischen Mehrheitsgesellschaften in den vergangenen Jahrhunderten vielschichtige Wandlungsprozesse erfahren.

Zuschreibungen der Mehrheitsgesellschaft Der lange vorherrschende Begriff für Sinti und Roma war «Zigeuner». In der Bundesrepublik konnte der in Heidelberg ansässige Zentralrat Deutscher Sinti und Roma die Ächtung des Begriffs so weit durchsetzen, dass er zumindest aus dem offiziellen und medialen Sprachgebrauch zum größten Teil verschwunden ist. Auch in anderen Ländern war das Ringen um die Durchsetzung von «Roma» statt «Gypsy» oder ähnlichen Bezeichnungen Teil einer Emanzipationsstrategie, mit der die gesellschaftlichen Benachteiligungen überwunden werden sollten. Es gibt aber auch heute noch Angehörige der Minderheit, die «Zigeuner» als Eigenbezeichnung verwenden; manche, weil sie den Begriff als Teil ihrer Identität verstehen, andere, weil das Label «Zigeuner» eine Ressource sein kann («Zigeunermusik»).

«Zigeuner» ist eine Fremdbezeichnung, deren etymologische Herkunft nicht eindeutig geklärt ist. Der Begriff wird auf das altgriechische «Athinganoi» (eine agnostische Gruppe in Westanatolien), auf das persische «Cinganch» (Musiker, Tänzer) beziehungsweise «Asinkan» (Schmiede), auf das alttürkische «či-gāń» (arm) oder auf die falsche Zuschreibung als aus Ägypten stammend zurückgeführt. Im deutschen Sprachraum wurde «Zigeuner» im Volksmund fälschlich von «ziehender Gauner» abgeleitet, was den Begriff zusätzlich negativ auflud. Daneben gab es andere Bezeichnungen, die die Angst vor dem Fremden und Bedrohungsgefühle betonten. In zahlreichen spätmittelalterlichen und frühneuzeitlichen Quellen werden Roma in Abgrenzung zur christlichen Gemeinschaft als «Heiden» bezeichnet. In Frankreich nannte man Roma in Anlehnung an Schutzbriefe, die der ungarische, deutsche und böhmische König und spätere Kaiser Sigismund ausgestellt hatte, «Bohémiens», ein Begriff, der sich bis heute erhalten hat. Vor allem in Norddeutschland und im Baltikum war in Erinnerung an die Mongolenherrschaft von «Tateren», also Tartaren, die Rede.

«Zigeuner» und ihre europäischen Varianten wie «Gypsies» (engl.), «Tsiganes» (franz.), «Gitanos» (span.) entwickelten sich im Laufe der Jahrhunderte zu einer ausgrenzenden Beschreibung von Gruppen, denen eine von der Mehrheitsgesellschaft abweichende Lebensweise zugeschrieben wurde. Der Begriff beinhaltet soziologische und biologistisch-rassistische Elemente. Soziographisch markiert er unterschiedliche soziale und ethnische Gruppen, deren Verhalten als unstet, deviant und delinquent angesehen wird. Dazu werden neben «Zigeunern» verschiedene migrierende, nicht Romanes sprechende Gruppen gezählt, etwa die irischen «Travellers», die vor allem in der Schweiz ansässigen «Jenischen», die niederländischen «Woonwagenbewoners» oder die französischen «Gens du Voyage». Als ethnisierende, genetisch-biologistische Kategorie wird «Zigeuner» ausschließlich auf Sinti und Roma bezogen.

Sprache

Romanes Die Sprache Romanes – auch Romani Chib (*chib* = Sprache, Zunge) genannt – ist für die Identität der Roma zentral. Sie ist ein bedeutendes Kulturgut, das mündlich über Generationen bewahrt wurde. Romanes wird in der Regel nur innerhalb der Familie oder in der Kommunikation mit anderen Roma verwendet. Wie bei allen anderen Sprachen werden mit dem Gebrauch des Romanes Denkkonventionen und Traditionen überliefert und gelebt. Es ist die bedeutendste kulturelle Ressource der Minderheit. Wie andere Sprachen unterliegt Romanes einem stetigen Wandel und zerfällt in zahlreiche Dialekte, die von dem Kultur- und Sprachgebiet geprägt sind, in dem die Menschen leben.

Doch anders als in anderen Sprachen wird Romanes weder in einer Region noch in einem Land als Amtssprache verwendet. Auch gibt es für Romanes keine vereinheitlichte Schriftsprache. Romanes wurde fast fünfhundert Jahre lang ausschließlich von Gadje verschriftlicht. Die früheste bislang bekannte Dokumentation stammt von dem Engländer Andrew Borde, der 1542 dreizehn Sätze auf Romanes mit englischer Übersetzung publizierte. Niederländer, Italiener, Türken, Deutsche und Spanier veröffentlichten vom 16. bis zum 18. Jahrhundert weitere Wortlisten. Aber erst Johann Rüdiger, Professor an der Universität Halle, fand heraus, dass Romanes mit dem indischen

Sanskrit verwandt ist, und veröffentlichte 1782 die erste Grammatik.

Der Durchbruch zu einer von der Minderheit selbst verwendeten Schriftsprache erfolgte in der frühen Sowjetunion, wo Romanes 1927 als eine der Nationalsprachen anerkannt wurde. Roma-Aktivisten und russische Linguisten erarbeiteten Lehrmaterial für Schulen und übersetzten politische und literarische Texte, darunter auch Gedichte von Alexander Puschkin. Diese kurze Blüte wurde durch den Kurswechsel in der Nationalitätenpolitik 1938 beendet. Erst in den 1970er-Jahren setzten Roma-Intellektuelle in mehreren Ländern, vor allem in England, den USA und Jugoslawien, linguistische Forschungen und Bemühungen um eine Standardisierung der Sprache sowie die Erstellung von Grammatiken fort.

Sprachenvielfalt Die Entwicklung des Romanes wird anhand von Vergleichen mit dem Sanskrit sowie mit den Sprachen der Länder, die auf dem Migrationsweg nach Europa lagen, von dem Linguisten Yaron Matras in drei Epochen unterteilt. Das *Ur-Romanes* entstand vermutlich zu Beginn des ersten Jahrtausends in Zentralindien. Ab dem 8. oder 9. Jahrhundert gab es Kontakte mit iranischen Sprachen, dem Armenischen und möglicherweise kaukasischen Sprachen. Um das 10. und 11. Jahrhundert herum entwickelte sich im Kontakt mit dem Griechischen das *Früh-Romanes*, das als Grundlage für die später ausdifferenzierten Dialekte gilt. Spätestens seit dem 14. Jahrhundert wurde diese Sprachengemeinschaft durch Auswanderungen aus dem südlichen Balkangebiet nach Norden und Westen diversifiziert, und es entstanden die vielfältigen europäischen Dialekte.

Anhand dieser Dialekte wurde festgestellt, dass ab der zweiten Hälfte des 16. Jahrhunderts sprachliche Merkmale entstanden, die für bestimmte Regionen Europas typisch sind und die darauf schließen lassen, dass sich Roma dort zu dieser Zeit dauerhaft angesiedelt hatten. Davon ausgehend werden mehrere große Sprachräume unterschieden: die Balkan-Dialekte; die Vlax-Dialekte des rumänischsprachigen Gebietes; die zentralen

Dialekte im historischen Gebiet Österreich-Ungarns; die Dialekte im Nordosten (polnische, baltische und nordrussische); die Dialekte im Nordwesten mit den Sinti-Dialekten in Deutschland und angrenzenden Gebieten sowie den Dialekten Skandinaviens, die nur noch in Finnland erhalten sind. Als bereits ausgestorben gelten die englischen und walisischen sowie die iberischen Dialekte.

Romanes-Dialekte sind heute nicht mehr nur geografisch zu verorten. Zum Beispiel ist der Vlax-Dialekt weltweit am weitesten verbreitet. Er wird zwar vor allem in Südosteuropa, insbesondere in Bosnien-Herzegowina und Rumänien, gesprochen, gelangte aber durch Auswandernde aus diesen Regionen seit dem 19. Jahrhundert in viele Länder der Erde.

Romanes-Sprechende sind immer mehrsprachig, denn neben ihrer Familiensprache erlernen sie als Zweitsprache die Nationalsprache des Heimatlandes. Je nach Bildungsgrad kommen weitere Sprachen hinzu. Trotz dieser Sprachkompetenz müssen viele Roma immer wieder erleben, dass sie für Analphabeten gehalten werden – ein althergebrachtes Klischee, das aus der Nichtschriftlichkeit des Romanes abgeleitet wird.

Sprachenerhalt Wie viele Roma in Europa Romanes sprechen, ist nicht bekannt. Geschätzt wird, dass dies ein Drittel bis drei Viertel aller Roma sind. Der Verlust der Sprache ist auf verschiedene Ursachen zurückzuführen. In manchen Ländern war es unter Strafandrohung verboten, sie zu verwenden, so dass im Laufe der Generationen das Romanes gänzlich verloren gegangen ist. In anderen Fällen, wie bei den zwangsassimilierten Kalé, sind so viele Wortbestände aus der spanischen Umgebungssprache eingegangen, dass sich eine neue Sprache, das Kaló, mit nur noch wenigen Romanes-Wörtern entwickelt hat. Im 20. Jahrhundert verursachte auch der NS-Völkermord einen starken Einbruch: Da überproportional viele Ältere ermordet wurden, fehlten zentrale Sprachträger für eine nachhaltige Tradierung. Hinzu kommt, dass die Romanes-Sprechenden in allen Sozialkontakten außerhalb der Familie ihre Zweitsprache verwenden, so dass die Schriftsprache des Heimatlandes die Familiensprache dominiert und zurückdrängt. Romanes teilt damit das Schicksal aller «kleinen» Sprachen, die ohne eine bewusste Förderung durch Dominanzsprachen verdrängt werden.

Seit Jahrzehnten engagieren sich daher Bürgerrechtsbewegungen für eine Anerkennung des Romanes als Minderheitensprache. In Deutschland, Finnland, der Mazedonischen Republik, den Niederlanden, Österreich und Schweden beispielsweise ist Romanes bereits als solche anerkannt. Eine Renaissance erlebt Romanes derzeit durch das Internet, wo sich in vielen Foren Roma in ihrer Sprache verständigen. Eine der wichtigsten Romanes-Datenbanken, RomLex, wurde an der Universität Graz aufgebaut und enthält einen großen Wortschatz verschiedener Dialekte.

Das Fehlen von Schriftlichkeit bis zum Beginn des 20. Jahrhunderts hat nicht nur zum Verlust der Sprache beigetragen, sondern erschwert es auch, die Geschichte der Minderheit zu rekonstruieren. Mündlich erzählte Geschichte kann lediglich innerhalb eines begrenzten Kreises tradiert werden, reicht nur über wenige Generationen hinweg und geht verloren, sobald die Generationenkette unterbrochen wird. Der familiäre Zusammenhalt und der regelmäßige Austausch mit anderen Angehörigen der Minderheit, zum Beispiel auf großen Festen, sind daher elementare Strategien, um Wissen zu erhalten.

Wissensdiskurse

Literarische «Zigeunerbilder» Die meisten Gadje haben keinen Kontakt zu Sinti und Roma, verfügen aber über einen Bestand an Zuschreibungen, der über Jahrhunderte hinweg angehäuft wurde. Einer der wichtigsten Speicher vermeintlichen Wissens über die Minderheit ist die europäische Literatur, die voller «Zigeuner»-Figuren und «Zigeuner»-Bilder ist. Bereits in den Chroniken aus dem 15. Jahrhundert wird schaurig-fasziniert von den bis dahin nie gesehenen Fremden berichtet, die als orientalisch anmutende Pilger bestaunt, bald aber als Bettler, Heiden, Spione und Diebe diffamiert wurden.

In der populären Literatur werden «Zigeuner»-Figuren oftmals beiläufig eingestreut und stehen für das Dunkle, Unheimliche und Bedrohliche, das im Wald lauert oder plötzlich in das Leben einbrechen kann. Nehmen «Zigeuner» eine zentralere Position ein, so dient diese meist dazu, zivilisatorische Grenzen zu markieren. Viele große Romane entwickeln ihre Handlung mithilfe von weiblichen «Zigeuner»-Figuren, die den männlichen Protagonisten in Grenzbereiche seiner Existenz führen, den aber am Ende der Tod der Heldin oder die Aufdeckung ihrer tatsächlichen Herkunft von allen Konflikten erlöst. Solche Konstellationen finden sich mit der schönen Preciosa in Miguel de Cervantes' *La gitanilla*, erschienen 1613, der kindlich-romantischen Mignon in Johann Wolfgang Goethes *Wilhelm Meisters Lehrjahre* (1795/96) oder der verführerischen Carmen in dem gleichnamigen Roman von Prosper Mérimée (1874).

Im 19. Jahrhundert gelangte die «Zigeuner»-Romantik zu voller Blüte. Das angeblich freie, sorgenlose und naturverbundene Leben von «Zigeunern» wurde zu einer Folie für nationalmythische und zivilisationskritische Betrachtungen. Weit verbreitet, vielfach nachgeahmt und vertont wurde das Gedicht *Die drei Zigeuner* (1838) von Nikolaus Lenau. Das lyrische Ich sieht drei zerlumpte Gestalten «liegen an einer Weide», während es selbst sein Fuhrwerk «mit müder Qual» durch die Heide lenkt. Einer der Männer geigt, ein anderer raucht, der Dritte schläft behaglich. Müßiggang und Arbeit, Sinnesfreuden und Pflichterfüllung werden scharf kontrastiert, und es gibt keinen Zweifel, wofür die dunkelbraunen und schwarzlockigen «Zigeuner» stehen: «Dreifach haben sie mir gezeigt, / Wenn das Leben uns nachtet, / Wie man's verraucht, verschläft, vergeigt, / Und es dreimal verachtet.»

Im gleichen Jahrhundert wird in das «Zigeuner»-Bild eine angeborene Unfähigkeit zur Zivilisation eingeschrieben, was die Minderheit in einen natürlichen Gegensatz zu einer höherwertigen europäischen Mehrheitsbevölkerung rückt. Johann Gottfried Herder spricht in seinen *Ideen zur Philosophie der Geschichte der Menschheit* von einer «verworfne(n) Indische(n) Kaste, die von allem, was sich göttlich, anständig und bürgerlich nennet, ihrer Geburt nach entfernt ist, und dieser erniedrigenden Bestimmung noch nach Jahrhunderten treu bleibt». Die späteren NS-Rassenideologen und -politiker konnten nahtlos an eine lange Tradition «literarischer Ausgrenzungs- und Vernichtungsphantasien» (Klaus-Michael Bogdal) anknüpfen.

Tsiganologen und «Zigeunerfreunde» Seit dem Ende des 18. Jahrhunderts haben sich Ethnologen, Anthropologen und selbsternannte «Zigeunerforscher» auf den Weg gemacht, um sich Zugang zu den in ihren Augen geheimnisvollen, archaischen und exotischen «letzten Wilden» Europas zu verschaffen. Bezeichnenderweise suchten sie nicht die in ihrer Nähe lebenden Sinti und Roma auf, sondern bereisten das ferne Transsilvanien (Siebenbürgen) und andere mittel- und osteuropäische Regionen, um die angeblich ursprünglichste Variante des «Zigeunertums» anzutreffen.

Prominentestes Beispiel für Arbeitsweise und Wirkung der deutschsprachigen «Zigeunerforschung» ist Heinrich Moritz Gottlieb Grellmann (1753–1804). Nach dem Studium der Theologie und Philosophie in Jena ging er nach Göttingen, wo er mit der 1783 veröffentlichten Arbeit *Die Zigeuner. Ein historischer Versuch über die Lebensart, Verfassung und Schicksale dieses Volkes in Europa, nebst ihrem Ursprunge* promoviert wurde. Das Buch wurde überaus populär. Seine Kenntnisse gewann er, wie Joachim Krauss nachgewiesen hat, aus Schriften verschiedener Autoren und Journalisten, ohne die Quellen zu nennen. Er überzeichnete, verzerrte und verallgemeinerte deren Beschreibungen und Meinungen und stigmatisierte «Zigeuner» im Ergebnis als triebhaft, ungesittet und zu geistiger Entwicklung unfähig, als Faulenzer, Diebe und Betrüger sowie als Träger von Aberglauben und als halbnackte «Wilde». Er behauptete, «Zigeuner» entstammten einer niedrigen indischen Kaste und trügen aufgrund ihres «Pariaerbes» ein parasitäres Verhalten in sich. Sein Buch tradierte Stereotypen aus Mittelalter und Früher Neuzeit in die Moderne, zugleich begründete Grellmann den rassistischen Diskurs über «Zigeuner», der nachhaltig auch in den mittel- und osteuropäischen Raum hineinwirkte.

Als bekanntester «Zigeunerforscher» des 19. Jahrhunderts gilt der ethnografische Schriftsteller George Borrow (1803–1881). Sein Referenzraum war Spanien, wo er vier Jahre lebte, um die «Gitanos» zu studieren. Aber auch zu britischen Romanichals hatte er Kontakte, bei denen er Romanes lernte. Seine als Reise- und Abenteuerromane ausgestalteten Bücher (*The Zincali*, 1841; *The Bible in Spain*, 1843; *Lavengro*, 1851; *The Romany Rye* = «Zigeunerfreund», 1857) fanden große Verbreitung in England und Amerika. Borrow begründete die Tradition der «Zigeunerfreunde», die von einem privilegierten und Distanz wahrenden Standort aus an einem mythisch-idealisierenden Bild vom «echten Zigeunertum» arbeiteten. Nach Borrows Tod wurde die «Gypsy Lore Society» gegründet, deren Mitglieder in seine Fußstapfen traten und dieses Feld bestellten, bis sie seit den 1970er-Jahren von Roma-Aktivisten zu einem Umdenken gezwungen wurden, das bis heute nicht abgeschlossen ist.

Die deutsche «Zigeunerkunde» setzte sich nach 1945 über Jahrzehnte nicht mit ihrer unseligen Tradition, geschweige denn mit ihrer Zuarbeit zum Völkermord auseinander. Innerhalb der deutschen Ethnologie hatte sie sich unter dem Terminus «Tsiganologie» als eigene Disziplin etablieren können. Man führte neue Begriffe ein, ohne von der Semantik der Zuschreibung abzurücken: «Zigeuner» wurden nun nicht mehr als «Fremdrasse», sondern als «Träger kultureller Dissidenz» beschrieben, denen eine unveränderliche, parasitäre Lebensweise zu eigen sei. Inzwischen ist die Tsiganologie nicht nur wegen ihrer Unwissenschaftlichkeit, sondern auch aufgrund der anhaltenden Kritik von Sinti und Roma im Niedergang begriffen.

Doch auch Historiker haben zu einem verzerrten Bild beigetragen, indem sie auf ein immer gleiches Korpus an «Zigeuner»-Edikten, Rechtstexten und Polizeiakten zurückgriffen. Demgegenüber gibt das Auswerten neuer Quellen, wie Ulrich F. Opfermann für die Frühe Neuzeit gezeigt hat, Aufschluss über das Alltagsleben und korrigiert das bislang vorherrschende Bild von Sinti und Roma als einer ewig ausgegrenzten Minderheit erheblich.

Popularisierung des «Wissens» Kaum eine literarische Gattung hatte bis zum Aufkommen der modernen Printmedien eine solche Breitenwirkung wie Enzyklopädien und Konversationslexika, die seit dem 18. Jahrhundert in immer größerer Zahl vornehmlich für das Bildungs- und Besitzbürgertum erschienen. Doch was als reine Information daherkommt, besteht oft vor allem aus Spekulationen und Vorurteilen. Am Beispiel der für den deutschen Sprachraum prägenden Brockhaus-Enzyklopädie, die seit 1796 erschien und nach der 21. Auflage von 2006 als Printausgabe eingestellt wurde, lassen sich Beharrungs- und Wandlungsvermögen von Stereotypen über «Zigeuner» nachzeichnen. Bis in die 1980er-Jahre hinein, also über einen Zeitraum von 200 Jahren, wurden «Zigeuner» als ein «primitives» und «minderwertiges Volk» beschrieben, das in grundsätzlichem Gegensatz zu dem zivilisierten «Wirtsvolk» oder «Gastland» stehe. Als eine der Hauptquellen galt Heinrich Moritz Gottlieb Grellmann. Diese Perspektive wurde lediglich durch die Verwendung eines dem gewandelten Zeitgeist angepassten Vokabulars variiert, wenn etwa von «Volk» statt «Rasse» oder von «Sozialleistungsempfängern» statt «Schmarotzern» die Rede ist. Auch nach 1945 wurden als Gewährsleute für das verbreitete «Wissen» noch NS-Rassenforscher angeführt.

Die Einträge über «Zigeuner» sind in ihrer Wortwahl teilweise offen diffamierend, etwa wenn die Minderheit als «Unkraut» (1855) bezeichnet wird. In späteren Ausgaben werden die Ressentiments kaschiert. So dient die Verwendung des kollektiven Singulars («der Zigeuner») dazu, einer angeblich homogenen Gruppe unveränderliche Eigenschaften zuzuschreiben. Selbst die Darstellung von Kulturelementen dient der Diffamierung der Gruppe als «Diebe»: Die grammatischen Formen des Romanes seien «aus anderen Sprachen einverleibt» (1957) und das Erzählgut der Minderheit sei «dem Märchenschatz der Gastvölker entnommen» (1974). Damit wird «kulturelle Differenz als kulturelle Minderwertigkeit» (Ulrich Kronauer) gedeutet. Der Untermauerung von Fremdheit dienen undatierte und nicht lokalisierte Fotografien von «Zigeunern» aus Südosteuropa, die Unordnung und Schmutz, Wanderleben

Caravaggio, «Die Wahrsagerin», Gemälde, um 1594

und archaische Praktiken illustrieren sollen. Erst seit den 1990er-Jahren lässt sich ein allmählicher Wandel feststellen, der maßgeblich auf die Intervention der Bürgerrechtsbewegung zurückzuführen ist.

Inszenierungen von Fremdheit Besonders prägnant haben sich stereotype Vorstellungen von «Zigeunern» im Bildgedächtnis verankert. Auf der vermutlich frühesten Darstellung von «Zigeunern», einem nach 1435 von Stephan Lochner gefertigten Altarflügel, sind unter den «Heiden», die von Apostel Andreas missioniert werden, «Zigeunerinnen» zu erkennen. Sie sind an langen geflochtenen Zöpfen, Ohrringen, einem über der Schulter geknoteten Umhang, radförmigen, mit Stoff bespannten Hüten und einem unbekleideten Kleinkind zu erkennen. Während in dieser Szene die Möglichkeit einer Inklusion angedeutet wird, tritt das «Zigeuner»-Bild bald in Kontrast zur rechtschaffenen Christenheit. Als beliebtestes Motiv erscheint die handlesende

«Zigeunerin» in der europäischen Malerei. Caravaggios «Wahrsagerin» (um 1594) zeigt ein durch Blicke zugewandtes Paar, bei dem die Frau durch einen orientalisch anmutenden Turban und einen Umhang als «Zigeunerin» ausgewiesen ist. Erst bei genauerem Hinsehen ist zu bemerken, dass sie mit ihrer rechten Hand über die Handfläche des Mannes streift und versucht, seinen Ring zu entwenden. Dieses Bildmotiv – das magische Handlesen, das zum Diebstahl genutzt wird – zieht sich durch die europäische Kunstgeschichte. Weitere charakteristische Darstellungen von «Zigeunern» zeigen zerlumpte Kleidung und liederliches Durcheinander, diebische oder bettelnde Kinder, die «hässliche Alte» mit Pfeife oder die junge, «schöne Zigeunerin», «Zigeunerwagen» und «Zigeunerlager» in Naturlandschaften.

Die meisten der bis heute gültigen Bildkonventionen entstanden mit «Zigeuner»-Fotografien im 19. und frühen 20. Jahrhundert und lassen sich aus zwei Traditionslinien herleiten: der völkerkundlichen Genrefotografie und der Polizeifotografie. Die ethnisierende Darstellung der Minderheit als archaische Naturmenschen und halbnackte «Wilde», die außerhalb der europäischen Zivilisation stehen, begründete der Wiener Militärfotograf Ludwig Angerer, der 1854 bis 1856 während einer Rumänienreise die ersten Fotografien von «Zigeunern» aufnahm. Dieser exotisierende Blickwinkel wurde populär und auf Postkarten weit verbreitet. Fotografen suchten auf Expeditionen nach solchen Motiven und inszenierten sie im Freien oder im Atelier. Ab den 1870er-Jahren trat die Darstellung von «Zigeunern» als «Verbrechern» durch die präventive Erfassung der Minderheit in «Verbrecherkarteien» hinzu. Diese lange Bildtradition führt dazu, dass «Zigeuner»-Bilder bis heute eine hohe Suggestivkraft haben und häufig auf sie zurückgegriffen wird. Der Blick ist meist abwertend und voyeuristisch und dient der «Untermauerung eurozentristischer, sexistischer und heteronormativer Verhältnisse» (Ines Busch).

Antiziganismuskritik

Neue Perspektiven Rassistischen Praktiken, die sich gegen Sinti und Roma richten, liegt die Vorstellung zugrunde, alle Angehörigen der Minderheit hätten konstante und unveränderliche Eigenschaften, die in einem unauflösbaren Gegensatz zur eigenen Gruppe oder zum eigenen «Volk» stünden. Solche bis heute lebendige Stereotype, die mit dem Selbstverständnis und der Lebenswirklichkeit von Sinti und Roma nichts zu tun haben, sind seit einigen Jahren Gegenstand der Antiziganismusforschung. Antiziganismus wird dabei verstanden als ein «historisch gewachsenes und sich selbst stabilisierendes soziales Phänomen, das eine homogenisierende und essentialisierende Wahrnehmung und Darstellung bestimmter sozialer Gruppen und Individuen unter dem Stigma ‹Zigeuner› oder anderen verwandten Bezeichnungen, eine damit verbundene Zuschreibung spezifisch devianter Eigenschaften an die so Stigmatisierten sowie vor diesem Hintergrund entstehende diskriminierende soziale Strukturen und gewaltförmige Praxen umfasst.» (End 2015, S. 57)

Erstmals wurde dieser Begriff 1928 von dem sowjetischen Roma-Aktivisten und Schriftsteller Aleksandr German (1893–1955) verwendet, um die tief verwurzelte ablehnende Haltung gegenüber Roma anzuprangern. In der Bundesrepublik entstand seit den 1980er-Jahren eine Debatte um Theorien und Methoden der Antiziganismusforschung, wobei es auch um Parallelen zwischen Antisemitismus und Antiziganismus ging. Wegen des sprachlichen Bezugs auf «Zigeuner» ist der Begriff «Antiziganismus» nicht unumstritten. Die Sozialpädagogin Isidora Randjelović merkte kritisch an, dass Antiziganismusforschung meist von Gadje betrieben würde und es sich daher um eine «exklusive Weiße Selbstreflexion» handele, in der die Perspektive der von den Gewaltverhältnissen Betroffenen fehle.

Antiziganismus lässt sich als eine Vorurteilsstruktur beschreiben, die unabhängig vom individuellen Verhalten der Sinti oder Roma vorhanden ist und Einstellung und Handeln gegenüber diesen prägt. Die Omnipräsenz antiziganistischer Sprechweisen und Praktiken verweist darauf, dass dieses Phänomen nicht hinreichend mit Begriffen wie Stereotyp, Feindbild oder Ressentiment beschrieben werden kann. Die mit «Zigeunern» verbundenen Imaginationen haben sich als ein kultureller Code über Jahrhunderte ausgebildet und sind deshalb tief in unserer Kultur verwurzelt. Sie können jederzeit abgerufen werden, werden auch unabhängig von persönlichen Begegnungen für Erfahrungswissen gehalten und rufen nicht zu unterschätzende Emotionen hervor. Darin besteht die Ähnlichkeit zwischen Antiziganismus und Antisemitismus. In der Funktionsweise unterscheiden sich «Zigeuner»-Stereotype jedoch von «Juden»-Stereotypen. Während «Zigeunern» beispielsweise eine archaische, vorzivilisatorische Lebensweise zugeschrieben wird, steht «Jude» meist für Überzivilisiertheit und die Verwerfungen der Moderne.

Antiziganistische Stereotype können negativ oder positiv konnotiert sein, etwa «Schmarotzertum» und «lustiges Zigeunerleben». Beide Zuschreibungen verweisen jedoch auf einen Verstoß gegen das vorherrschende Arbeitsethos und haben die Funktion, einen «Anderen» von Teilhabe auszuschließen.

Alltagsdimensionen von Antiziganismus In einer repräsentativen Umfrage des Zentralrats Deutscher Sinti und Roma im Jahr 2006 berichteten rund Dreiviertel aller Befragten von häufigen Diskriminierungserfahrungen bei der Arbeit, in der Nachbarschaft oder an anderen öffentlichen Orten. Diese Erfahrungen reichen von herabwürdigender Behandlung bis zur Verweigerung von Zugang zum Wohnungs- und Arbeitsmarkt. Dass es sich dabei nicht um eine situative oder punktuelle Benachteiligung handelt, sondern um eine strukturelle Diskriminierung mit lang anhaltenden negativen Folgen für die Betroffenen, soll am Beispiel des Bildungssektors gezeigt werden.

In einer Studie über die Bildungssituation aus dem Jahr 2011 gaben 80 Prozent von 275 befragten westdeutschen Sinti an, in der Schule Diskriminierung erlebt zu haben. Überproportional viele waren an Förderschulen verwiesen worden, während sie an Gymnasien stark unterrepräsentiert waren. Von den Befragten hatten 13 Prozent keine Schule besucht, 44 Prozent verfügten über keinen Schulabschluss.

Diese Situation ist das Ergebnis seit Generationen andauernder Exklusionspraktiken vonseiten des Bildungssystems der Mehrheit und ebenso langer Exklusionserfahrungen aufseiten der Minderheit. Auch die oftmals gescheiterten Bildungsbiografien der Eltern und Großeltern behinderten eine positive schulische Entwicklung. Der älteren Generation war während der NS-Zeit eine Schulbildung aus rassenideologischen Gründen grundsätzlich verwehrt worden, womit auch den nachfolgenden Generationen der Zugang zu schulischer Bildung erschwert wurde. Angesichts der fortgesetzten Diskriminierung nach 1945 war eine der Strategien, sich in einer feindlich agierenden Umgebung zu behaupten, die Rückbesinnung auf traditionell selbständige Erwerbsweisen, für die ein formaler Schulabschluss nicht notwendig ist. Damit wiederum reduzierten sich die Chancen für einen individuellen Bildungsaufstieg nochmals, und das Risiko von Erwerbslosigkeit stieg.

Antiziganistische Gewalt Antiziganistische Stereotype wie die Diffamierung als «Unkraut» stellen nicht nur Hab und Gut, sondern auch Leib und Leben der Betroffenen zur Disposition. Sinti und Roma sind immer wieder Gewalt ausgesetzt, von Beleidigung, Schikanierung, Bedrohung und Vertreibung bis hin zu Mord. Häufig werden seit den 1990er-Jahren Gewaltakte gegen Roma in den Ländern Osteuropas, aber auch in Deutschland, Italien oder Frankreich bekannt. Schlagzeilen machen neonazistische Demonstrationen vor Wohnstätten von Roma, aggressive Segregationsmaßnahmen durch selbsternannte Bürgerwehren, pogromartige Vertreibungen, Bombenattentate wie 1995 im österreichischen Oberwart und tödliche Übergriffe auf Einzelpersonen. Staatliche Gewalt wie unberechtigte Inhaftierungen, illegale Ausweisungen, Zwangssterilisationen oder ethnische «Säuberungen» wie im Kosovo 1999 und 2004 sind ebenfalls zahlreich dokumentiert. Verlässliche Zahlen über das Ausmaß gibt es jedoch nicht. Meist sind es Nichtregierungsorganisationen wie Amnesty International oder Roma-Initiativen, die solche Gewaltakte dokumentieren und der Öffentlichkeit bekannt machen.

Antiziganistische Gewalt ist deshalb besonders bedrohlich, weil sie oft im Zusammenspiel von staatlichen Akteuren, nationalistisch und nazistisch eingestellten Überzeugungstätern und offener Zustimmung der Bevölkerung stattfindet, wie etwa 1992 bei dem zwei Tage langen Pogrom in Rostock gegen eine Unterkunft für Roma-Flüchtlinge aus Rumänien. Unter Rufen wie «Deutschland den Deutschen, Ausländer raus!» attackierten mehrere Hundert Menschen gewaltsam die Unterkunft und die darin Lebenden, begleitet vom Applaus Tausender Anwohner. Die Polizei versagte auf der ganzen Linie. Statt den Angriff zu verurteilen, äußerten zahlreiche Politiker sogar Verständnis, indem sie Roma als «in weiten Bereichen kaum anpassungsfähige Gruppe» – so der damalige Innenminister von Mecklenburg-Vorpommern, Lothar Kupfer – diffamierten.

Antiziganistische Gewalt zielt auf die Abschaffung elementarer Rechte wie Freizügigkeit, Aufenthaltsrecht oder gar das Recht auf Leben. Diese Gewalt bedroht nicht nur die Betroffenen, sondern untergräbt auch die europäischen Demokratien, deren Aufgabe es ist, eine gleichberechtigte Teilhabe aller Menschen am gesellschaftlichen Leben sicherzustellen. Nur durch eine eindeutige Positionierung gegen Antiziganismus in allen seinen Erscheinungsformen und eine entschiedene Strafverfolgung der Täter kann antiziganistischer Gewalt begegnet werden.

Fakten statt Fantasien

Statistik als Problem In Bevölkerungsstatistiken wird die Anzahl von Roma gerne niedrig angesetzt, wenn dadurch die Fiktion eines homogenen Staatsvolks unterstrichen werden kann. Umgekehrt werden die Bevölkerungsanteile von Roma maßlos übertrieben, wenn Ängste vor einer Gefährdung der nationalen Existenz geschürt werden sollen. Dabei gibt es in keinem Land eine zuverlässige Erhebung der Zahl der Roma, entweder weil Angaben nach ethnischen Kriterien grundsätzlich nicht erhoben werden dürfen oder weil Roma sich in solchen Erhebungen nicht der Minderheit, sondern einer Nationalität zuordnen. Der Mathematiker Stéphane Laederich, der sich in Zürich als Direktor der Roma Foundation engagiert, hat darauf hingewiesen, dass Statistiken meist die gängigen Klischees widerspiegeln, etwa dass die Mehrheit der Roma unter der Armutsgrenze lebe, eine schlechte Schulbildung und überproportional viele Kinder habe. Offizielle Zählungen zum Beispiel in Rumänien, wo für das Jahr 2002 etwa 620 000 Roma registriert wurden, weichen von Schätzungen anhand von üblichen Bevölkerungsentwicklungen, wonach – so Laederich – etwa zwei bis drei Millionen Roma in Rumänien leben müssten, stark ab. Und je nachdem, welche Anzahl zugrunde gelegt wird, ergibt sich eine Analphabetenquote unter Roma von 25 bis 30 Prozent – oder aber von 6 bis 8 Prozent.

Ähnlich problematisch sind Umfragen zur Einstellung der Bevölkerung gegenüber dieser Minderheit, weil bestimmte Fragen antiziganistische Stereotype reproduzieren. So wird in Erhebungen über Rechtsextremismus und gruppenbezogene Menschenfeindlichkeit häufig gefragt, ob man der Äußerung zustimme, «Sinti und Roma neigen zur Kriminalität». Vier Umfragen im Jahr 2014 in Deutschland ergaben dabei Zustimmungswerte von 23,1 bis 55,9 Prozent.

Im September 2014 veröffentlichte die Antidiskriminierungsstelle des Bundes die erste Studie, die ausschließlich Einstellungen zu Sinti und Roma untersuchte. Während die Autoren kein geschlossenes Feindbild gegenüber der Minderheit erkennen wollten, bewertete der Zentralrat Deutscher Sinti und Roma die Ergebnisse der Studie als dramatisch. Tatsächlich verweisen einige der Aussagen auf typische antiziganistische Muster. Zwar hielten «nur» 32,2 Prozent der 2000 telefonisch Befragten Sinti und Roma für kriminell, doch als Maßgabe für ein gutes Zusammenleben nannten 78,1 Prozent «Kriminalitätsbekämpfung».

Der Mythos vom «wandernden Zigeuner» Zu den langlebigsten Phantasmagorien über Roma zählt die Vorstellung, sie seien – wie «die Juden» – seit Jahrhunderten ein Volk auf Wanderschaft. Dies trifft jedoch weder für die verhältnismäßig kleine Gruppe der Sinti und Roma in West- noch für die größere Gruppe der Roma in Ost- und Südosteuropa zu. Im Gebiet des Deutschen Reiches waren Angehörige der Minderheit schon lange in vielen Orten dauerhaft ansässig, zum Teil mit Haus- und Grundbesitz. Als 1886 in den Regierungsbezirken Preußens eine «Zigeunererhebung» durchgeführt wurde, zählte man insgesamt 1057 «Zigeuner», die alle ortsansässig waren. Ähnlich stellt sich die Situation im 19. Jahrhundert in Osteuropa dar. Beim ersten offiziellen Zensus in dem zur Habsburgermonarchie gehörenden Ungarn wurden 1893 rund 275 000 Roma registriert – das waren 1,2 Prozent der Bevölkerung. Sie lebten in einem Gebiet, das neben Ungarn die Slowakei und Transsilvanien sowie Teile des heutigen Österreich, Polens sowie des ehemaligen Jugoslawien umfasste. Von diesen Roma galten 8938 als «nomadische Zigeuner». Bei aller gebotenen Vorsicht im Umgang mit Statistiken lässt sich doch erkennen, dass nur eine verschwindend geringe Minderheit nicht dauerhaft ortsgebunden lebte.

Wie erklärt sich angesichts dieser Fakten die bis in die Gegenwart hinein herrschende Vorstellung von einem angeborenen «Wandertrieb»? Zum einen geht dies auf die Bildpropaganda zurück: Darstellungen von osteuropäischen Roma mit Wagen waren überaus populär, obwohl sie keineswegs repräsentativ waren. Zum anderen dürften die – wenn auch seltenen – Begegnungen mit «Reisenden» als Erfahrungswissen im Gedächtnis haften geblieben sein. Sinti und Roma übten bis ins 20. Jahrhundert hinein bevorzugt selbständige Berufe aus, die oftmals als ambulanter Handel, also als Reisen zu Märkten oder als Tür-zu-Tür-Geschäft, betrieben wurden. So waren sie als Hausierer und Dienstleister (mit Kurzwaren, als Scherenschleifer, Korbmacher oder Inhaber von Fuhrbetrieben), als Händler (von Stoffen und Pelzen, Möbeln, Musikinstrumenten oder Pferden) oder als Künstler (insbesondere als Musiker, aber auch als Inhaber von Wandertheatern, -zirkussen oder Marionettentheatern, als Artisten, Kinobesitzer oder Filmvorführer) unterwegs. Das «Reisen» war ein Bestandteil der Existenzsicherung und wurde von einem festen Wohnort aus betrieben. Das Bild der «ewigen Wanderschaft» und Heimatlosigkeit verfestigte sich weiter, weil Roma keinen eigenen Staat haben.

Historisch hatten Sinti und Roma stets nur einen kleinen Anteil an den Migrationen in Europa, die auf Armut, Krieg oder Vertreibung aus religiösen Gründen zurückgehen. Weil Roma im Vergleich zu anderen Migranten als Gruppe sichtbarer waren, wurde ihnen «Wanderschaft» als eine Eigenschaft zugeschrieben, und zwar in einer doppelten Weise: einerseits von der Angst besetzt, selbst die Existenzgrundlagen zu verlieren, andererseits positiv verstanden im Sinne einer vermeintlich freien Lebensform. Gegenüber den «Nichtsesshaften» verortete sich die Mehrheitsbevölkerung selbst als «sesshaft». Die Mobilität von Roma wurde nicht als Folge von zwangsweiser Vertreibung oder als ökonomische Notwendigkeit anerkannt, sondern als eine Strategie der Arbeitsverweigerung, wenn nicht gar des Diebstahls oder der Mittelerschleichung diffamiert. Bis heute sind solche Vorstellungen geradezu reflexhaft präsent, wenn über Zuwanderer aus den neuen EU-Ländern berichtet wird, unter denen sich auch, aber keineswegs ausschließlich Roma befinden.

«Zigeunermusik» Zu den althergebrachten Stereotypen zählt die Vorstellung, dass «Zigeunern» die Musik «im Blut» liege. Mit «Zigeunermusik» werden oft balkanische Klänge oder ungarische «Zigeunergeiger» assoziiert. Tatsächlich spielen jedoch neben familiären Traditionen – Musik bildete in vielen Familien eine bedeutende Existenzgrundlage – sowohl individuelle künstlerische Entwicklungen als auch nationale und lokale Einflüsse für die Musikstile von Sinti und Roma eine große Rolle. *Die* «Zigeunermusik» gibt es nicht. Roma-Musiker haben in den europäischen Ländern jeweils eigene Stilrichtungen und Traditionen geschaffen.

Russland, Spanien und Ungarn sind bekannte Beispiele dafür, wie sich bis ins 19. Jahrhundert hinein nationale Musikkulturen ausbildeten, deren Träger in hoher Anzahl Roma beziehungsweise Kalé waren. In Ungarn begründeten berühmte «Zigeunergeiger» wie Panna Czinka (um 1711–1772) oder János Bihari (1764–1827) die Tradition von «Zigeunerkapellen» in der Besetzung mit Geige, Hackbrett und Kontrabass. Ihr Repertoire speiste sich aus ungarischem Liedgut, und ihr Spiel wurde nach der gescheiterten ungarischen Revolution von 1848/49 zu einem Sinnbild der nationalen Erneuerung, was zur Popularität der Kapellen sowohl im Inland als auch im Ausland entscheidend beitrug. Auch der spanische Flamenco, der neben dem Instrumentenspiel (Gitarre) Gesang und Tanz umfasst, hat seine Wurzeln in einheimischem, in diesem Fall andalusischem Liedgut, das seit der zweiten Hälfte des 18. Jahrhunderts von Kalé mit herausgebildet, vorgetragen und interpretiert wurde. Der Flamenco repräsentiert in besonderer Weise Schmerz und Trauer, Sehnsucht und Freiheitsliebe. In Russland wiederum sind Roma Mitbegründer der russischen Chortradition. 1775 schuf der in der Nähe von Moskau lebende Graf Alexej Orlow aus leibeigenen moldawischen Roma einen «Zigeunerchor», der sich großer Beliebtheit erfreute und Vorbild für weitere «Zigeunerchöre» war. Als Graf Orlow 1807 die Chormitglieder aus der Leibeigenschaft entließ, war der erste professionell arbeitende Chor Russlands geboren. Roma sangen neben überliefertem Liedgut auch russische Volkslieder in neuer Interpretation und in für das damalige Publikum ungewohnten Rhythmuswechseln, aus denen seit den 1840er-Jahren, begleitet von einer siebensaitigen Gitarre, eine Form der russischen Romanzen entstand.

Eine bedeutende moderne Musiker-Ikone ist der Gitarrist Django Reinhardt, der den Jazz in Europa einführte und einen sehr eigenwilligen Stil entwickelte, mit dem er auch im Mutterland des Jazz Furore machte. Reinhardt, geboren 1910 in Belgien und aufgewachsen in der Nähe von Paris, gründete 1934 in Paris das legendäre «Quintette du Hot Club de France» mit und überlebte die deutsche Besatzung nur dank seiner Popularität. Nach seinem frühen Tod im Jahr 1953 führten deutsche Sinti und französische Manouches die von Django Reinhardt begründete Stilrichtung des Sinti-Jazz (oder auch «Gypsy-Swing») erfolgreich fort.

Die Sichtbaren und die Unsichtbaren Die überwiegende Mehrheit der europäischen Roma ist für Gadje nicht sichtbar. Millionen leben in «normalen» Verhältnissen, gehen zur Schule oder sind berufstätig als Arbeiter, Angestellte, Beamte, Freiberufler oder Akademiker. Vielen gelang eine gesellschaftliche Inklusion, weil sie sich der Stigmatisierung als «Zigeuner» entziehen konnten. Die meisten der in Deutschland lebenden «Gastarbeiter»-Roma gaben sich beispielsweise nicht als Roma zu erkennen, sondern als Jugoslawen. Damit entgingen sie der Diskriminierung und rangierten in der gesellschaftlichen Achtung weit vor den türkischen «Gastarbeitern». Tausende arbeiteten in Fabriken oder Krankenhäusern, viele später auch als selbständige Handwerker, was wiederum den Kinder- und Enkelgenerationen zu einem Bildungsaufstieg verhalf (Elizabeta Jonuz). Auch die etwa eine Million Roma in den Vereinigten Staaten sind als solche für die Mehrheit nicht sichtbar. Viele haben, wie in den USA üblich, amerikanisch klingende Namen angenommen und konnten sich gesellschaftlich etablieren.

Das Bild der Mehrheitsbevölkerung von Sinti und Roma wird von Einzelfällen geprägt, und das sind in der Regel die von den Medien ins Blickfeld gerückten Personen, die als «arm, kriminell und fremd» gebrandmarkt werden. Für alle Angehörigen der Minderheit ist es daher eine existenzielle Frage, ob sie als Roma erkennbar sein wollen oder nicht. Jeder und jede Einzelne entwickelt dafür zwangsläufig im Laufe des Lebens eigene Mechanismen und Strategien. Dies kann von einer vollständigen Verbergung der Zugehörigkeit außerhalb des familiären Umfelds bis hin zu einer offensiven Selbstrepräsentation als Rom oder Romni reichen, wobei Letzteres die Ausnahme und eher in der jüngeren Generation zu finden ist.

Die Bürgerrechtsbewegungen haben viel dazu beigetragen, dass Sinti und Roma ein positives Selbstbild entwickeln konnten und ihre Zugehörigkeit zu der Minderheit öffentlich machten – dies jedoch meist erst wenn sie sich beruflich etabliert hatten. Ein prominentes Beispiel dafür ist die Sängerin Marianne Rosenberg, geboren 1955 in Berlin, der als deutscher Schlagerstar eine große Karriere gelang und die sich erst 2006 in ihrer Autobiografie als Sintezza zu erkennen gab.

2. Geschichte

Mittelalter

Migration nach Europa Der Weg der Roma nach Europa lässt sich aufgrund der spärlichen Quellenlage nur in groben Zügen rekonstruieren. Der gemeinsame Erbwortschatz der europäischen Romanes-Dialekte legt nahe, dass die verschiedenen Gruppen, auch die mitteleuropäischen Sinti, mit einer einzigen Migrationsbewegung kamen und bereits um die Jahrtausendwende im äußersten Südosten des heutigen Europa eintrafen.

Lev Tcherenkov und Stéphane Laederich gehen davon aus, dass eine kleine und kohärente Gruppe von Roma um das vierte und fünfte Jahrhundert aus dem nordwestlichen Indien nach Persien und Mitte des siebten Jahrhunderts nach Armenien wanderte. Sie datieren den Beginn der Migration also wesentlich früher als andere. Die These wird damit begründet, dass sich keine arabischen Wörter im Romanes finden, Roma also Persien vor der arabischen Herrschaft verlassen hätten. Seit dem Ende des ersten Jahrtausends hätten Roma über einen langen Zeitraum vor allem im süd- und südosteuropäischen Teil des Byzantinischen Reiches gelebt. Auch diese These geht auf die Sprachforschung zurück: Alle heutigen Romanes-Sprachgruppen zeigen starke Einflüsse des Griechischen, weshalb Roma entweder Griechisch als die Amts- und Handelssprache des Byzantinischen Reiches erlernt hätten oder in dessen Landesteil Thrakien ansässig gewesen seien, wo überwiegend Griechisch gesprochen wurde. Die Anwesenheit von Roma auf der griechischen Halbinsel Peloponnes wird allgemein für das 13. Jahrhundert angenommen. Schon zu Beginn des 14. Jahrhunderts sollen Roma auf dem Balkan ansässig gewesen sein. Erst mit der Expansion des Osmanischen Reiches seit dem

14. Jahrhundert begann die Emigration von Roma nach West-, Mittel- und Nordosteuropa.

Wahrscheinlich blieben jedoch etwa zwei Drittel bis drei Viertel der Roma in den vom Osmanischen Reich eroberten Ländern. Die wichtigsten Quellen über Roma sind für diesen Raum die umfangreich überlieferten Steuerregister. Im Register der Jahre 1522/23 werden für den europäischen Teil des Osmanischen Reiches 17191 Roma-Haushalte gezählt, von denen mehr als zwei Drittel als Christen galten. Die osmanischen Herrscher erwiesen sich in Bezug auf die Ausübung der Religion als tolerant. Nur elf Gruppen, die jeweils aus einer Handvoll Familien bestanden, wurden als nomadisch lebende Roma registriert – ein weiterer Beleg für die Ortsfestigkeit der Minderheit. Die meisten Roma lebten im heutigen Bulgarien (5701 Haushalte), in den Ländern des ehemaligen Jugoslawien (4382), in der europäischen Türkei (3185), Griechenland (2512) und Albanien (374). Neben dem traditionell häufig ausgeübten Schmiedehandwerk (Blech-, Huf- oder Goldschmied) weist das Register eine große Bandbreite von Erwerbsweisen auf: Ofenbauer, Schuhmacher, Maler, Brunnengräber, Süßwarenhersteller, Käseproduzenten, Metzger, Kebabverkäufer, Gärtner, Eselbesitzer, Wächter, Diener, Polizisten, Sattler, Unterhaltungskünstler, sogar einige Mönche, Bauern oder Landarbeiter werden genannt. Die genaue Anzahl der Roma lässt sich anhand der Steuerregister jedoch nicht feststellen, weil Roma, die als Schmiede für die Armee oder in einer Festung arbeiteten, keine Steuern zahlen mussten und nicht erfasst wurden.

Ansiedlung in Europa Eine Minderheit der Roma floh seit dem ausgehenden 14. Jahrhundert vor den türkischen Heeren und migrierte über Ungarn und Böhmen weiter Richtung Westen und Norden, meist zu Fuß, teils auch mit Pferden. Die Einwanderung in verschiedene Regionen Europas schlug sich in den Ortschroniken nieder. Erwähnt werden kleinere Gruppen, aber auch große von bis zu dreihundert Personen. Als frühestes Schriftzeugnis über Roma in den deutschen Ländern gilt eine Notiz in den Hildesheimer Stadtrechnungen im Jahr 1417, wonach eine Gruppe aus «Klein-Ägypten» vom Rat Almosen erhielt. Zahlreiche weitere Berichte aus dieser Zeit über Begegnungen mit Menschen, bei denen es sich aller Wahrscheinlichkeit nach um Roma gehandelt hat, stammen aus Norddeutschland, München und Frankfurt am Main (1418), Basel (1414), Antwerpen (1419), Brügge (1421), Bologna (1422), Saragossa (1425) oder Paris (1427).

Eine zuverlässige Landkarte dieser Migrationsbewegungen gibt es bislang nicht. Ebenso wenig ist genauer untersucht worden, ob sich für einzelne Gruppen die Migrationsroute nachvollziehen lässt. So ist es denkbar, dass es sich bei dem Pferdehändler «Herzog Michael von Egyptenland», der 1422 in Baden angetroffen wurde, um den gleichen Mann handelte, von dem in Straßburg (1418), Mons und Tournai (1421), Basel und dem oberitalienischen Forlì (1422) die Rede ist. Jüngere Forschungen gehen davon aus, dass es sich bei den neuen Ankünften, die aus weiteren Städten des westlichen und nördlichen Europa überliefert sind, um eine europäische Binnenmigration handelte. 1462 trafen Roma in Südspanien ein, zu Beginn des 16. Jahrhunderts in England, Schottland und dann auch in Skandinavien.

Da bei den Dialekten der west- und nordeuropäischen Roma keine rumänischen, westslawischen oder ungarischen Anleihen zu finden sind, wird angenommen, dass sie sich in diesen Ländern nicht lange aufgehalten haben. Die Roma hingegen, die sich seit dem 15. Jahrhundert in Ostmitteleuropa niederließen, werden aufgrund sprachlicher Gemeinsamkeiten als karpatische Roma bezeichnet, die bis ins 19. Jahrhundert hinein eine relativ homogene Gruppe bildeten. Viele von ihnen übten als Schmiede ein begehrtes Handwerk aus und erhielten eine Niederlassungserlaubnis. Eine andere weit verbreitete Erwerbsquelle war das Musizieren. Während die Zahl der im 15. Jahrhundert in den nordwestlichen Teil Europas migrierten Roma auf einige Hundert geschätzt wird, geht man bei den karpatischen Roma von mehreren Zehntausend aus – eine geringe Zahl angesichts der rund 50 Millionen Einwohner Europas um 1450.

Schutzbriefe In keinem der zahlreichen chronikartigen Berichte ist von Verständigungsschwierigkeiten die Rede. Das lässt darauf schließen, dass die Roma sich in den jeweiligen Landessprachen artikulieren konnten, was wiederum auf längere Ansässigkeit zurückzuführen sein dürfte. Auch verfügten die ersten Romagruppen augenscheinlich über sehr gute Kenntnisse darüber, wie das Gemeinwesen funktionierte, und sie traten selbstbewusst gegenüber den Herrschenden auf. Ihre Wortführer stellten sich als Herzöge oder Grafen vor und demonstrierten ihren Status durch aufwändige Kleidung, Pferde, Waffen und eine eigene Untertanenschaft. Kaum eine Chronik lässt unerwähnt, dass Schutzbriefe, die in den territorial zersplitterten Herrschaftsräumen als Geleitpapiere überlebenswichtig waren, vorgezeigt wurden. In den Papieren stellten die Unterzeichnenden ihren Schützlingen einen guten Leumund aus und forderten dazu auf, ihnen eine ungehinderte Durchreise zu ermöglichen, von Zöllen und Steuern abzusehen und sie gegebenenfalls durch Herberge und Almosen zu unterstützen. Die Vielzahl der Schutzbriefe lässt darauf schließen, dass Roma vielfältige Beziehungen mit den Schutzmächten pflegten, sei es als Händler oder als Dienstleister.

Zu den immer wieder zitierten – und wohl auch oft kopierten – Schutzbriefen zählen zwei, die von König Sigismund (1368–1437) ausgestellt worden waren. Sigismund, der eine dreifache Königswürde auf sich vereinigte (Ungarn und Kroatien seit 1387, römisch-deutscher König seit 1411, König von Böhmen seit 1419) und 1433 zum römisch-deutschen Kaiser aufstieg, soll 1396 während eines Kreuzzuges gegen das Osmanische Reich Kontakt mit Roma gehabt haben. Ob er aus dieser Zeit bereits einen «Herzog Michael von Agythum» kannte, den er während des Konzils in Konstanz (1414–1418) am 13. März 1417 empfing und mit einem Schutzbrief versah, ist nicht bekannt. Zumindest ist denkbar, dass Sigismund ein Interesse daran hatte, Informationen über die türkischen Gegner zu erhalten. Am 23. April 1423 stellte er im slowakischen Zips für einen «Ladislaus, Woiwode der Zigeuner» ebenfalls einen Schutzbrief aus, in dem er diesem «nebst anderen zu ihm Gehörigen» nicht nur freies Geleit, sondern auch eine eigene Rechtsprechung zubilligte.

Europa war zur Zeit der Ankunft der Roma von Kriegen, Hungersnöten sowie den Folgen der großen Pestepidemie Mitte des 14. Jahrhunderts und ihrem Wiederaufflackern gezeichnet. Lokale und regionale Herrschaftskonflikte, das Aufeinanderprallen kirchlicher und weltlicher Machtansprüche, das aufstrebende Bürgertum und Protestbewegungen wie die der Hussiten ließen althergebrachte Ordnungsvorstellungen ins Wanken geraten. Mit der Einnahme Konstantinopels (1453) durch das Osmanische Reich zeigte sich ein weiteres Zeichen des Umschwungs und auch Niedergangs am Horizont. Dies alles trug dazu bei, dass sich Roma nach vereinzelt erfahrener Anteilnahme auch mit einer ganzen Bandbreite von Vertreibungen konfrontiert sahen.

Der Blick der Chronisten Das Erscheinen von exotisch anmutenden Menschen vor den Stadttoren löste augenscheinlich Neugier und Erstaunen aus. Roma werden in Chroniken als orientalisch gekleidet und von auffallend dunkler Haut- und Haarfarbe beschrieben. In der christlich geprägten Vorstellungswelt nahmen sie zunächst einen Platz als Pilger ein. Ob sie selbst angaben, auf einer Pilgerfahrt zu sein, oder ob ihnen dies angedichtet wurde, lässt sich nicht feststellen. Ein Augenzeuge, Andreas Presbyter von Regensburg, berichtete im Jahr 1424: «Ebenso wanderte in diesen Zeiten ein gewisser Stamm der Cingari, gewöhnlich Cigäwnär genannt, in unseren Ländern. (...) Dieses Volk schlug seine Zelte auf den Feldern auf, denn es war ihnen nicht erlaubt, in den Städten zu wohnen. Es eignete sich nämlich den Besitz der anderen geschickt durch Diebstahl an. Dieses Volk stammt aus Teilen Ungarns, und man sagt, dass es ausgewandert sei; zum Zeichen und zur Erinnerung an die Flucht des Herren nach Ägypten, als er vor dem Angesicht des Herodes floh, der ihn suchte, um ihn zu töten. Im Volk wurde jedoch gesagt, dass sie heimliche Kundschafter im Lande seien.» (Zit. nach Gronemeyer, S. 20)

Diese kurze Passage enthält fast alle Topoi, die in den folgenden Jahrzehnten immer wieder aufgegriffen, ausgeschmückt und variiert wurden: der Vorwurf, dass «dieses Volk» von regelmäßigem Diebstahl lebe; die Bußfahrt wegen unchristlicher Lebensführung (Abfall vom oder Verrat des Christentums, magische Praktiken wie Wahrsagerei); die Herkunft aus einem bedrohlich fremden orientalischen Land (Ägypten oder «Klein-Ägypten», auch Indien); der Verdacht, die tatsächlichen Absichten zu tarnen und in Wahrheit als Spione einer fremden Macht zu dienen. Es änderte nichts an diesem Bild, dass andere Stimmen beglaubigten, sie hätten «gelds genug» und täten «niemands kein leyd», oder dass Roma mehrheitlich Christen und selbst vor den Türken geflohen waren. Die spätmittelalterlichen und frühneuzeitlichen Chronisten überlieferten in ihren Texten die zeitgenössischen Ängste vor dem Verfall der sozialen Ordnung, dem Legitimitätsverlust der christlichen Autoritäten, dem drohenden Einfall der Türken und der immer wieder auftretenden Pest.

Unter diesen Vorzeichen war es für Roma schwierig, sich an einem Ort dauerhaft anzusiedeln; zudem hätte eine Niederlassung nicht unbedingt eine ökonomische Perspektive begründet und zum Verlust der persönlichen Freiheit durch Abhängigkeit von einem Grundherrn geführt. Über einen Zuzug in die Städte wachten außerdem die Zünfte. Eine Vielzahl von Städten versuchte, jeglichen Aufenthalt durch begrenzte Betretungserlaubnis, Almosen oder Vertreibung zu verhindern, denn die Ressourcen waren knapp und Konkurrenz nicht erwünscht. Und doch gibt es schon für das 15. Jahrhundert Hinweise darauf, dass sich lokale und regionale Zugehörigkeiten entwickelten. Beispielsweise erhielt ein Mann, der in den Akten «Heincz von Mulhusen zyguner» genannt wird, 1446 vom Rat der Stadt Frankfurt das Bürgerrecht verliehen. Die Vielzahl von Vertreibungsbeschlüssen, die in mancher Stadt erlassen wurde, deutet darauf hin, dass Mehrheit wie Minderheit sie regelmäßig unterliefen.

Alle mittelalterlichen Ängste und Fantasien fanden Eingang in die Enzyklopädie des angesehenen Universalgelehrten Sebastian Münster (1488–1552), der den «Züginern oder Heiden» in seiner 1550 erschienenen *Cosmographia* ein ausführliches Kapitel widmete. Unter anderem notierte er: «Mann hat es wol erfahren/das diß ellend volck erboren ist in seinem umbschweiffenden ziehen/es hat kein vatterland/zeucht also müßig im lande umbhär/erneret sich mit stelen/lebt wie die hund/ist kein religion bey inen/ob sie schon ire kinder under den Christen lassen tauffen/leben on sorg/ziehen von einem land in das ander (...).» (Zit. nach Gronemeyer, S. 34 f.) Zu Beginn der Frühen Neuzeit werden «Zigeuner» nicht nur als religiöse Fremde, sondern als genereller Widerpart einer neuen Ordnung diffamiert, der sich die Bevölkerung zu unterwerfen hat: Sie verstießen als Müßiggänger gegen die Arbeitsethik, entzögen sich herrschaftlicher Kontrolle durch Umherziehen und unterhöhlten durch Täuschung und Diebstahl bürgerliche Wert- und Ordnungsvorstellungen.

Frühe Neuzeit

Leibeigenschaft und «Vogelfreiheit» Einen europäischen Sonderfall stellen die Fürstentümer Moldau und Walachei dar, die im 15. und 16. Jahrhundert in Abhängigkeit zum Osmanischen Reich gerieten und aus denen sich – zusammen mit Transsilvanien – seit dem 19. Jahrhundert der Staat Rumänien bildete. Die Mitte des 14. Jahrhunderts dorthin eingewanderten Roma besaßen als Händler und Handwerker begehrte Fertigkeiten, gerieten in der Walachei aber bald in Leibeigenschaft. Als Handel und Landwirtschaft unter die Herrschaft des Osmanischen Reiches gerieten, kompensierten Staat, Kirche und Großgrundbesitzer (Bojaren) im Fürstentum Moldau ihre Verluste ebenfalls durch die Versklavung der ehemals freien Bauern und der Roma. Für den Staat arbeiteten Roma im Wandergewerbe als Schmiede, Holzarbeiter, Goldwäscher oder Bärenführer. Sie durften sich innerhalb des Fürstentums bewegen und hatten einen Jahreszins abzuführen. Viele Roma lebten in abgesonderten Vierteln und mussten als Landarbeiter auf den Feldern der Kirche und der Bojaren arbeiten, bei Letzteren auch als Kinderfrauen oder Putzfrauen, Kutscher oder Handwerker. Sie waren nicht nur wirtschaftlich, sondern auch persönlich abhängig:

Roma wurden als Sklaven geboren, die Besitzer konnten vollständig über sie verfügen, ob mittels körperlicher Strafen oder Verkauf. Heiraten waren nur untereinander und nur mit Erlaubnis möglich. Die Leibeigenschaft dauerte bis ins 19. Jahrhundert an.

Der Übergang vom Mittelalter zur Frühmoderne ist durch die Herausbildung stärkerer Zentralgewalten in Europa gekennzeichnet, die neue Ordnungen in ihren Territorien durchsetzen wollten. In diesem Zusammenhang gerieten auch «Zigeuner» ins Visier der Obrigkeit. Im Heiligen Römischen Reich wurden 1495 bis 1500 auf den Reichstagen Maßnahmen gegen diese beschlossen und im Laufe des 16. Jahrhunderts mehrfach bekräftigt. Im Ergebnis wurden Roma als Spione gebrandmarkt. Es wurde ihnen jeglicher Schutz versagt, ihre Vertreibung angeordnet, ein Betretungsverbot für das Reich ausgesprochen und jedes Vorgehen gegen sie, auch das Töten, unter Straffreiheit gestellt. Diese «Vogelfreiheit» der Roma galt formal dreihundert Jahre, bis zum Ende des Reiches im Jahr 1806.

Ähnlich radikale Maßnahmen wurden in allen anderen westeuropäischen Ländern angeordnet, obwohl Roma auch dort nur eine verschwindend geringe Minderheit darstellten. Im Königreich Spanien erging – nach der Vertreibung der Juden 1492 – im Jahr 1499 der Befehl, dass sich die «fremden ägyptischen Kupferschmiede» unter einer Herrschaft ansiedeln oder das Land verlassen sollten. Vierzig Jahre später drohte nomadisierenden Roma die Hinrichtung oder, wie in Frankreich, Zwangsarbeit auf den Galeeren, während Frauen und Kinder in Arbeitshäuser verschleppt werden sollten. Die benachbarte Kolonialmacht Portugal deportierte ab 1538 unliebsame Roma nach Afrika, später gar bis nach Brasilien. Roma, die seit 1540 aus England ausgewiesen werden sollten, migrierten nach Wales und Schottland oder über die skandinavischen Länder bis nach Finnland und Estland.

Eine Gesellschaft der Armut und Gewalt Es blieb nicht bei den Verordnungen gegen Roma auf Reichsebene. Auch in den mehreren Hundert Territorien, die dem Reich unterstellt waren, existierten Aufenthaltsverbote und Ausweisungsdekrete. Wären alle diese Verordnungen auch in die Tat umgesetzt worden, so wäre die Minderheit spätestens im frühen 18. Jahrhundert in Europa ausgerottet gewesen. Stattdessen kam es um das 16./17. Jahrhundert zu einer festeren Bindung von Roma an bestimmte Gebiete. So erklärte im Jahr 1595 bei Gießen ein Mann, bei dem es sich um einen Sinto gehandelt haben dürfte, sein «Volk» käme zwar aus «Klein Egypt», er selbst aber sei «zu Teutschland lang gezogen und geporen». (Zit. nach Opfermann, S. 77)

Wie ist dieser augenscheinliche Widerspruch zu erklären? Ein Grund könnte die Unfähigkeit der institutionell noch unterentwickelten Exekutivorgane sein, die Dekrete umzusetzen. Auch ein Desinteresse an ihrer Umsetzung wäre möglich, da der Umgang mit Roma nutzbringender schien als der Aufwand, der zu ihrer Vertreibung nötig gewesen wäre. Schließlich kann das Überleben der Roma auch als ein Beleg für ihre erfolgreichen Überlebensstrategien verstanden werden. Ein Blick auf die gesellschaftlichen Verhältnisse in dieser Epoche kann weiter zur Beantwortung der Frage beitragen.

Roma waren zwar ein herausragendes Zielobjekt der «Policey» (im Sinne der Staatsgewalt der territorialen Macht), doch sie waren nur ein kleiner Teil jenes «herrenlosen Volkes» der «Landstreicher und Vaganten, Juden und Ziegeuner, Bettler und Jauner». Zur ökonomischen und militärischen Sicherung ihrer Herrschaft benötigten die Landesherrn ortsgebundene Untertanen, die zu Arbeit, Militärdienst und Abgaben verpflichtet waren. Deren Lebensbedingungen hatten sich jedoch durch überzogene Abgaben, die auch nach dem Dreißigjährigen Krieg immer wieder aufflackernden militärischen Konflikte und die damit verbundenen Verwüstungen, Hungersnöte und Epidemien immer weiter verschlechtert. Die starke Bevölkerungszunahme ließ nach dem Dreißigjährigen Krieg das Heer der Armen auf einen Anteil von 40 bis 70 Prozent anwachsen. Ein großer Teil der überwiegend bäuerlichen Bevölkerung musste den eigenen Hof verlassen, um sich als Tagelöhner zu verdingen oder durch Betteln und Subsistenzdelikte zu überleben. Der Anteil dieser

Armutsmigranten wird auf fünf bis zehn Prozent der damaligen Gesamtbevölkerung geschätzt.

Die Obrigkeit reagierte darauf mit einer Bekämpfung der Armen. Roma teilten also das Schicksal dieser recht- und schutzlosen Elenden. Die radikale Rhetorik gegen umherziehende Arme war ein Teil der herrschaftlichen Krisenbewältigung; ihre Zuspitzung auf «Zigeuner» war zugleich das Angebot an die anderen christlichen Land- und Heimatlosen, sich in die herrschaftliche Ordnung einzufügen.

«Zigeunerstöcke», Leib- und Lebensstrafen Die «Zigeunerpolitik» in der Frühen Neuzeit wurde in früheren Darstellungen als ein «großes Kesseltreiben» dargestellt. Anhand der Quellen lässt sich nach Ulrich F. Opfermann eine «flächendeckende eliminatorische Praxis» jedoch nicht feststellen. Auffällig ist ein Schwerpunkt des Vorgehens gegen Sinti in der ersten Hälfte des 18. Jahrhunderts, das im Zusammenhang mit der Durchsetzung des landesherrschaftlichen Gewaltmonopols steht. Nach einem Höhepunkt in den 1720er-Jahren ging die Verfolgung von «Zigeunern» merklich zurück, so dass seit den 1770er-Jahren bis ins 19. Jahrhundert derartige Vorfälle kaum noch aktenkundig wurden. Doch die Vorschriften blieben streng. Ungewolltem Zuzug von «Bettlern, Landstreichern und Zigeunern» wurde mit einer breiten Palette an Sanktionen begegnet: Ein erster Grenzübertritt wurde mit Rutenschlägen und Landesverweis geahndet, der zweite mit Rutenschlägen und Brandmarkung, der dritte mit dem Tod.

Wie konsequent diese Strafen verhängt wurden, variierte je nach Anzahl der Aufgegriffenen, ob sie im Besitz von Papieren waren, wie plausibel die Angaben zu Herkunft und Ziel schienen, ob Ortsansässige durch Diebstahl geschädigt wurden oder sich die Streifen, die sie ergriffen, durch das Tragen von Waffen bedroht fühlten, ob Widerstand geleistet wurde und vielem mehr. Die Einschätzung der Verantwortlichen spielte also eine zentrale Rolle. In Verhören appellierten die Aufgegriffenen nicht selten mit Verweis auf ihre schwierige persönliche Lage an die Humanität und verwiesen durchaus selbstbewusst auf ihre

«Zigeunerwarntafel» mit der Aufschrift «Jauner u: Zigeiner Straff» vermutlich aus der Herrschaft Oettingen-Wallerstein, um 1709/25

christliche Rechtschaffenheit. Marie-Ließ St. Amour, 1733 im Amt Königstein verhaftet und zu dem von ihr begangenen illegalen Grenzübertritt befragt, antwortete dem Amtmann laut Niederschrift: «... es mögte verbotten seyn oder nicht, so müsse sie doch leben; exclamabat deinde, ach du lieber Gott! Wann mann auch ahn jedes Orth der Welt zehn Galg baute; so müßte sie jedoch jrgendwo seyn; sie währen ja Christen Menschen ...» (Zit. nach Härter, S. 72).

Die Strafen wurden öffentlich vollstreckt und wirkten damit in beide Richtungen, auf die kriminalisierten Gruppen ebenso wie auf die übrige Bevölkerung. Ein Symbol dafür ist der «Zigeunerstock» oder auch «Heidenstock»: ein Schild, das an den Grenzen in Text und Bild die drohenden Strafen drastisch vor Augen führte. Anders als der umgangssprachliche Name nahelegt, wurden damit neben «Zigeunern» auch andere unerwünschte Gruppen wie Bettler oder Landstreicher angesprochen. Zur Ergreifung dieser sollten regelmäßige Streifen durchgeführt werden, wozu auch Untertanen zwangsweise herangezogen werden konnten. Bei solchen Streifen konnten Sinti ohne besonderen Anlass erschossen werden, ohne dass dies für die Schützen ein Nachspiel gehabt hätte. Vereinzelt kam es zu den berüchtigten «Heidenjagden», die mit Erschießen und Erschlagen, Übergriffen auf Frauen und Kinder sowie Raub endeten. Spektakuläre Prozesse gegen «Zigeunerbanden» in den 1720er- und 1730er-Jahren, denen Hinrichtungen folgten und die medial noch Jahrzehnte später nachhallten, schürten ein Klima der Bedrohung.

Faktisch unterschied sich die Delinquenz von Sinti – meist Subsistenzdelikte – nicht von der der übrigen Bevölkerung. Dennoch waren sie überproportional oft von Strafen, insbesondere Todesstrafen, betroffen. Ein Drittel der im 18. Jahrhundert als «Diebs- und Raubsgesindel» im Gebiet zwischen Rhein und Röhn sowie Main und Sieg Hingerichteten gehörte laut Opfermann der Minderheit an. Auch fällt, wie Thomas Fricke für Schwaben, Franken, Hessen und die Pfalz herausgefunden hat, der hohe Anteil von Frauen (42,2 Prozent) unter den Todesopfern auf. Anhand der Akten hat er mindestens 237 Sinti ermittelt, die im Laufe des 18. Jahrhunderts in diesem Gebiet hingerichtet worden sind, meist am Galgen oder durch das Schwert, Männer auch durch Rädern und in einem Fall durch Vierteilen. Diese Zahl mag auf den ersten Blick für diesen langen Zeitraum nicht sonderlich hoch erscheinen, jedoch ist zu bedenken, dass sie sich auf eine Gruppe von schätzungsweise 2000 Personen bezieht.

Soziale Beziehungen und Erwerbsweisen Wie sicherten Sinti und Roma ihr Überleben? Vor allem zwei Aspekte sind hervorzuheben: Mitteleuropäische Sinti, um die es im Folgenden gehen wird, gestalteten ihr Leben auch unter schwierigen Bedingungen mit hoher Flexibilität selbst. Außerdem existierten vielfältige Sozialbeziehungen zwischen Mehrheit und Minderheit, die einen sozialen Rückhalt auch jenseits des eigenen Familienverbandes bedeuteten. Ein Beispiel dafür ist die Auswahl von Taufpaten, wie sie in dieser Form nur bei Sinti und keiner anderen der vagierend lebenden Gruppen anzutreffen ist. Im 17. und 18. Jahrhundert suchten sie die Paten für ihre Kinder nicht, wie in der Mehrheitsbevölkerung üblich, innerhalb der engeren Verwandtschaft aus, sondern gezielt aus der ortsansässigen Gadje-Bevölkerung. Darunter befand sich nach den Taufbüchern ein hoher Anteil Adliger oder Angehöriger der lokalen Oberschichten. Als Paten hätten sich diese wohl kaum zur Verfügung gestellt, wenn sie die Eltern der Täuflinge als verlottert, infam oder kriminell angesehen hätten. Mit den Patenschaften wurden Beziehungen geknüpft, die eine gewisse Protektion erwarten ließen.

Sinti kapselten sich keineswegs von Gadje ab, auch wenn sie nur in seltenen Fällen außerhalb ihrer Gemeinschaft Ehen eingingen. Vielfältige Beziehungen zwischen Mehrheit und Minderheit entstanden vor allem über wirtschaftliche Tätigkeiten. Wichtige Erwerbsweisen waren – neben dem allgemein weit verbreiteten Notbettel – Handel, Lohnarbeit und Handwerk. Dabei ist eine große Bandbreite festzustellen, von Gelegenheitshandel und Tauschhandel bis hin zu Handelsunternehmungen mit hochwertigen Produkten. Auch reagierten Sinti flexibel auf die ökonomische Situation, indem sie sowohl Waren als auch Berufe wechselten, wenn anders kein Auskommen zu finden war. Die als typisch für «Zigeuner» angesehenen Betätigungen wie Wahrsagen oder Musizieren waren im Vergleich zu anderen Erwerbsweisen eine zu vernachlässigende Größe. Als wichtigster Broterwerb ist für mittel- und westeuropäische Sinti seit der Zeit des Dreißigjährigen Krieges bis in die Mitte des 18. Jahrhunderts der Militärdienst dokumentiert, in dem einige Sinti sogar in den Offiziersrang aufstiegen. Sinti waren häufig als Berufssoldaten in Einheiten der «Freikorps» tätig, zeitweilig eröffnete auch der Polizeidienst eine Erwerbsmöglichkeit.

Zu einer der Überlebensstrategien zählte es, in einen Untertanenverband aufgenommen zu werden, womit sich die Möglichkeit einer Niederlassung eröffnete. Zahlreiche Beispiele belegen, dass Sinti sich hartnäckig und teilweise mit Erfolg darum bemühten, auch wenn die Hürden hoch waren. So erklärte der circa 25 Jahre alte Henrich Valentin, von Beruf Leinweber, bei seinem Antrag in Beilstein im Westerwald im Januar 1738, er habe trotz guter Leumundszeugnisse «wegen meiner Geburth schwartzer Farbe und übler Praesumtion gegen die Zigeuner» (zit. nach Opfermann, S. 78) bislang keine Niederlassung erreichen können. Eine Genehmigung war für eine Ansiedlung unerlässlich. Versuche von Sinti, sich in Ortsnähe in selbst gezimmerten Hütten einzurichten, scheiterten an der mangelnden Aufnahmebereitschaft der Bevölkerung. Teils wurden die Siedlungen mit Gewalt aufgelöst. Die Niederlassung setzte ein Eigeninteresse der Herrschaft an der Arbeitskraft voraus, war mit Auflagen verbunden und bedeutete nicht zwangsläufig eine ökonomische Existenzsicherung, eröffnete aber neue Perspektiven, indem sie einen Ausweg aus der Rechtlosigkeit bot. Dass es Sinti gelang, sich zu etablieren, belegt die nicht seltene Bezeichnung von Menschen als «gewesene Zigeuner» in den Akten.

Monarchie und Zarentum

Eine konzertierte Aktion von Kirche und König In den Monarchien Europas kam im 17. und 18. Jahrhundert die herrschaftliche Machtentfaltung, die sich auf zentralistisch ausgebaute Strukturen mit Militär, Verwaltung, Kirche und Eliten stützte, zu voller Blüte. Voraussetzung für den Ausbau des Staatswesens war die Durchsetzung von Normen gegenüber der Bevölkerung, um wirtschafts- und gesellschaftspolitische Ziele zu verwirklichen. Erneut gerieten auch Roma ins Blickfeld, freilich nicht als einzige. Nicht selten griffen die Staaten auf Disziplinierungsverfahren zurück, die bereits an anderen Gruppen erprobt waren, und aufgrund der transnationalen, familiären Verbindungen der Herrscherhäuser blieben diese nicht ohne Resonanz in anderen Ländern. Ziele dieser frühneuzeitlichen Sozialdisziplinierung waren eine religiöse Homogenisierung der Untertanenschaft, die Durchsetzung merkantilistischer Ökonomien, die Neuordnung staatlicher Territorien, die Entlastung der Armenfürsorge, ein effizienteres Strafsystem oder der Ausbau der Streitkräfte.

Im Königreich Spanien waren im Zuge der Reconquista Juden und Muslime zwangsweise zum Katholizismus bekehrt und schließlich, trotz Bekehrung, rigoros aus dem Land getrieben oder nach Nordafrika deportiert worden. Die Spanische Inquisition verfolgte rücksichtslos jede Abweichung von der katholischen Norm. Die staatlich gelenkte Politik der Zwangsassimilation von Roma gipfelte am 30. Juli 1749 in einer Verhaftungswelle, die als «Schwarzer Mittwoch» in die Geschichte eingegangen ist. Seit Anfang des 17. Jahrhunderts war Roma eine Niederlassung im Königreich Spanien nur in Orten mit mehr als 200 Einwohnern erlaubt, und das auch nur dann, wenn sie ihre Sprache aufgaben und sich völlig der Mehrheitsbevölkerung anpassten. Die Bildung eigener Wohnviertel war strikt untersagt. Die auf das Haus Habsburg folgenden Bourbonen setzten diese Tradition fort. Sie benannten 1717 und 1746 insgesamt 75 Orte, an denen «Gitanos» zu leben hatten. Auf Initiative des Bischofs von Oviedo, der als Statthalter des Kastilischen Kronrats der obersten politischen Instanz der Monarchie vorstand, sollte mit einer konzertierten Aktion präventiv gegen die angebliche Gefahr vorgegangen werden. Die «Gitanos», so hieß es in seinem am 5. Juli 1747 dem König vorgelegten Papier, hätten einen «angeborenen Hang zur Faulheit und Gesetzesübertretung», weshalb sie «vorbeugend» aus der Gesellschaft ausgeschlossen werden müssten. Dazu schlug er vor, sie entweder vollständig aus dem Land zu vertreiben – und hinzurichten, sollten sie zurückkehren – oder sie kollektiv zu internieren.

König und Kronrat entschieden sich für Letzteres. Die Wohnorte der «Gitanos» waren aufgrund der forcierten Ansiedlungspolitik genauestens bekannt, und dank eines päpstlichen Dekretes, das kirchlichen Schutz für die katholischen «Gitanos» ausschloss, waren Proteste von Dritten nicht zu erwarten. Minutiös und unter größtmöglicher Geheimhaltung wurde die Razzia zwei Jahre lang vorbereitet. Eine Liste enthielt eine Übersicht über 881 Familien, die im ganzen Land verstreut an

54 Orten lebten. Frauen und Jungen bis zu zwölf Jahren sollten in Arbeitshäuser, Jungen von zwölf bis fünfzehn in Fabriken oder zur Marine, Männer bis fünfzig Jahren zu Zwangsarbeiten im Rahmen der damals durchgeführten Flottensanierungsprogramme geschickt, die Älteren in größeren Städten zur Arbeit eingesetzt werden. Die Festnahmen erfolgten, bis auf einige Ausnahmen, schlagartig und betrafen zehn- bis zwölftausend Menschen. Alle entstehenden Kosten wurden mit dem beschlagnahmten Vermögen der Verhafteten finanziert. Immer wieder erreichten Einzelne eine Amnestierung, aber erst im Juli 1765, nach sechzehnjähriger strapaziöser Gefangenschaft und Sklavenarbeit, wurden alle Kalé, die die Haftzeit überlebt hatten, auf königliche Weisung hin in die ehemaligen Ansiedlungsorte entlassen. Dieser tiefe Einschnitt in das Leben der Kalé wirkt bis heute fort.

Zwangsassimilation im Zeichen der Aufklärung Maria Theresia (1717–1780), Erzherzogin von Österreich, Königin von Ungarn (mit Kroatien und Transsilvanien = Siebenbürgen) und Königin von Böhmen von 1740 bis zu ihrem Tod, gilt als die prominenteste Vertreterin des aufgeklärten Absolutismus. Unter der Prämisse, dass die Sorge um das Gemeinwohl oberste Staatspflicht sei, führte sie umfassende Staatsreformen durch und stärkte die Zentralmacht. Die habsburgischen Territorien hatten über zwei Jahrhunderte unter dem militärischen Druck der türkischen Armeen gestanden. Erst nach mehreren Kriegen eroberten die Habsburger zunächst Ungarn (1686) und erhielten 1718 nach einem entscheidenden Sieg über die Osmanen Nordbosnien und Nordserbien, den Banat und die Walachei. In den 1770er-Jahren kamen im Zuge der polnischen Teilungen Galizien und die Bukowina hinzu. Mit den Gebietserweiterungen gehörten dem Reich nun auch Romagruppen an, die lange unter verschiedenen Rechtsverhältnissen und in vielfältigen Kulturräumen gelebt hatten.

Maria Theresia beendete die bis dahin geltende Vertreibungspolitik gegen Roma und versuchte, sie zwangsweise zu assimilieren. Diese «Zigeunerpolitik» resultierte aus einer rigoros durchgeführten Bevölkerungs-, Erziehungs-, Siedlungs- und Wirtschaftspolitik, die eine Zentralisierung und Homogenisierung des Staatswesens herbeiführen sollte. Die gezielte «Peuplierung» sollte die kriegsbedingten Bevölkerungsverluste kompensieren. Die Verordnungen Maria Theresias galten für das Gebiet des damaligen Königreichs Ungarn, wo fast alle Roma der Habsburgermonarchie lebten. Roma hatten sich gemäß einer ersten Verordnung (1758) niederzulassen, ihre bisherigen Gewerbe aufzugeben und ihre Pferde und Fuhrwerke abzugeben, auf zugeteiltem Boden Landwirtschaft zu betreiben und Steuern zu zahlen. Ohne Erlaubnis durften sie ihren Wohnort nicht verlassen. Drei Jahre später sollten die Angehörigen der Minderheit nur noch als «Neubürger», «Neuungarn» oder «Neusiedler» bezeichnet werden, die Jungen hatten ein Handwerk zu erlernen und waren ab dem 16. Lebensjahr für den Militärdienst vorgesehen. Als nächstes erfolgte 1767 ein Eingriff in die innere Ordnung der Gemeinschaften. Die bis dahin als Woiwoden akzeptierten Rechtsprecher verloren ihre Kompetenzen, indem alle Roma der örtlichen Gerichtsbarkeit unterstellt wurden. Der Gebrauch des Romanes wurde ebenso verboten wie von der Mehrheitsbevölkerung abweichende Kleidung und die Ausübung traditioneller Berufe. Auch wurde eine Bevölkerungserhebung unter den Roma durchgeführt.

Maria Theresias vierte Verordnung aus dem Jahr 1773 traf die Roma am härtesten: Ehen untereinander wurden verboten, «Mischehen» dagegen gefördert. Kinder ab dem Alter von fünf Jahren sollten ihren Eltern weggenommen werden. Schon immer war die Wegnahme der Kinder ein Bestandteil von «Zigeunerpolitik» gewesen, aber im Fall der Theresianischen Reformen erreichte sie einen vorläufigen Höhepunkt. Dahinter stand die Idee, durch eine «Civilisirung» die vollständige «Domicilierung» zum Wohle der Betroffenen und des Staates durchzusetzen. «Zigeunerkinder» wurden als lernfähig betrachtet, jedoch nur dann, wenn sie dem Einfluss ihrer Eltern entzogen würden. Für die Kinder war eine christliche Erziehung bei ungarischen Bauernfamilien vorgesehen, um später in Handwerk oder Landwirtschaft ausgebildet zu werden.

Maria Theresias Sohn Joseph II. (1741–1790), seit 1764 römisch-deutscher König, seit 1765 Kaiser des Heiligen Römischen Reiches und seit 1780 König von Böhmen, Kroatien und Ungarn, führte die Politik mit großem Reformgeist fort. 1783 fasste er alle bisherigen Erlasse mit einigen neuen Anordnungen in einem Regelwerk («Hauptregulatio») zusammen, das mehr als einhundert Bestimmungen enthielt und für das Königreich Ungarn galt, zu dem seit 1699 auch das heute rumänische Transsilvanien gehörte. Neben erneuten Restriktionen wie dem Verbot des Marktbesuchs, der Zählung der Häuser in den Roma-Ansiedlungen und monatlicher Berichtspflicht fanden sich darin auch Anordnungen, die Roma einige Rechte zugestanden. So sollten Grundbesitzer Land zur Bewirtschaftung zur Verfügung stellen, Roma durften sich eigene Häuser errichten und selbst Land erwerben. In einem separaten Erlass verbot Joseph II. im gleichen Jahr die Leibeigenschaft von Roma in der Bukowina.

Je nach Standpunkt wird diese Habsburger «Zigeunerpolitik» entweder verteufelt oder verherrlicht. Übersehen wird oft, dass es vergleichbare Praktiken – etwa Sprachverbot, Eingriffe in die Religions- und Berufsausübung sowie das Heiratsverhalten – auch gegenüber anderen Minderheiten wie Juden oder Protestanten gab. Die «Hauptregulatio» Josephs II. trägt in einigen Punkten ähnliche Züge wie seine viel gerühmten «Toleranzpatente», die er 1781 bis 1785 für die jüdische Minderheit erließ (Huub van Baar). Die Minderheitenpolitik zeigt sich erneut als Symptom und Spiegel eines gesamtgesellschaftlichen Prozesses, mit dem Individuen in staatliche Strukturen eingepasst werden. Die langfristigen Folgen der Reformen für die Minderheit lassen sich schwerlich bilanzieren. Im Burgenland, in der Grenzregion zwischen Österreich und Ungarn, kam es zu dauerhaften Siedlungsgründungen, bei denen Roma, auch aufgrund der späteren Migration von Roma aus Ungarn, einen hohen Prozentsatz der Bevölkerung stellten. Gerade diese nach den Maßstäben der Habsburger Monarchie vorbildlichen, weil «sesshaften» Burgenland-Roma fielen der nationalsozialistischen Genozidpolitik fast vollständig zum Opfer.

Integration ins zaristische Staatswesen Einen ganz anderen Weg als den der gewalttätigen Vertreibung oder Assimilation ging das zaristische Russland. Erst im 18. Jahrhundert lebten, auch infolge der Einverleibung von mehr als der Hälfte des polnischen Staates mit Gebieten des heutigen Polens, Litauens und der Ukraine sowie Landgewinnen im südlichen Grenzbereich Russlands, größere Gruppen von Roma auf russischem Staatsgebiet. Diese Gruppen waren seit dem 15. und 16. Jahrhundert in Bulgarien, Moldawien und der Ukraine ansässig, ein anderer Teil aus dem Balkan etwas östlicher über Ungarn nach Polen und in die baltischen Länder eingewandert. In Polen und dem Baltikum lebten außerdem Sinti, die vor der Repression im westlichen Europa dorthin geflohen waren. Bei einer Volkszählung im Jahr 1806 wurden 48 247 Roma im Russischen Reich registriert. Mehr als die Hälfte lebte in Bessarabien (18 738), auf der Krim sowie nördlich des Schwarzen Meeres bis zum Dnjepr (7726).

Die aus dem 18. und 19. Jahrhundert überlieferten Dekrete, die Roma betreffen, lassen erkennen, dass es keine exkludierende «Zigeunerpolitik» gab. Roma waren im Rahmen etwa der Steuer- und Militärerhebungen Gegenstand staatlichen Handelns, das darauf zielte, breite Bevölkerungsteile in das russische Staatswesen zu integrieren. Dies bedeutete, dass ihnen in dem auf Leibeigenschaft basierenden Sozialgefüge ein Platz zugewiesen wurde. Dies eröffnete ungleich größere Möglichkeiten als in den westlichen Feudalgesellschaften. Roma konnten sich in den dörflichen Gemeinschaften ansiedeln und Land zur Bewirtschaftung erhalten, sich in Städten niederlassen, um dort Handel zu treiben, oder in Gebieten, die besiedelt werden sollten, Dörfer gründen. Sofern Roma registriert waren und Steuern zahlten, verfügten sie auch über Freizügigkeit und konnten einem selbständigen Erwerb nachgehen.

Die höhere Aufnahmebereitschaft in Russland führte dazu, dass sich die Erwerbsweisen von Roma über Metall- und andere Handwerke, Handel, Pferdehandel und Musik hinaus im Laufe der Jahrzehnte breit auffächerten und sich die Gemeinschaften auch sozial ausdifferenzierten. Gleiches gilt für die geographische Verteilung, auch wenn die traditionellen Siedlungsgebiete des 16. und 17. Jahrhunderts nach wie vor Schwerpunkte bildeten. Zwar war das Leben im russischen Zarenreich keineswegs eine Idylle, doch wenn Roma mancher Willkür ausgesetzt waren und in Krisenzeiten litten, dann nicht mehr und nicht weniger als die Mehrheit der Bevölkerung. Anders als Juden in Russland wurden Roma auch nicht für Missstände verantwortlich gemacht. Insgesamt war die gesellschaftliche Durchlässigkeit für sie größer als andernorts. So entstanden aus den russischen «Zigeunerchören» Generationen hoch angesehener Musikerfamilien. Viele eheliche Verbindungen mit dem russischen Adel wurden geknüpft.

Nation und Revolution

Aufbruch in und aus Europa Mit dem Slogan von «Freiheit, Gleichheit, Brüderlichkeit» versetzte die Französische Revolution der Jahre 1789 bis 1799 dem feudalen Absolutismus den Todesstoß und löste europaweit eine Bewegung für demokratische Rechte aus. Monarchien gerieten ins Wanken und kleine Länder forderten ihre Unabhängigkeit. In der Folge veränderte sich die Landkarte in Ostmittel- und Südosteuropa, vor allem in den Gebieten zwischen dem Habsburgerreich, dem Russischen und dem Osmanischen Reich, von Grund auf. Hier lebte ein Großteil der europäischen Roma-Bevölkerung, die zum Teil von dem Aufbruch in Europa im 19. Jahrhundert profitieren konnte, denn ein Effekt der Freiheitsbestrebungen war die Aufhebung der Leibeigenschaft, die aufgrund ihrer Ineffizienz ohnehin schon länger zur Disposition gestanden hatte.

Dies betraf vor allem die Roma in den rumänischen Fürstentümern Walachei und Moldau. Beide Fürstentümer hatten sich seit 1829 schrittweise aus der Abhängigkeit der sie umgebenden Großmächte lösen können und waren nach ihrer Vereinigung 1859 und der im Jahr 1878 auf dem Berliner Kongress erreichten Unabhängigkeit schließlich die Grundlage für das 1881 entstandene Königreich Rumänien, den Vorläufer des modernen rumänischen Staates. Rumänische Intellektuelle, die von den Ideen der Französischen Revolution inspiriert waren, setzten sich für die schrittweise Abschaffung der Leibeigenschaft ein, bis 1844 Kirche und Staat, 1856 auch die Feudalherren ihre Arbeitssklaven entlassen mussten. Doch die persönliche Freiheit allein garantierte nicht das Überleben. Viele der Entlassenen verdingten sich nun als Lohnarbeiter oder verließen das Land, um für sich und ihre Familien ein Auskommen zu suchen.

Es ist nicht bekannt, wie viele der 1857 gezählten Roma-Familien – 33 267 in der Walachei, etwa 20 000 im Fürstentum Moldau – in Rumänien blieben und wie viele von ihnen im Laufe der nächsten Jahrzehnte emigrierten. Zeitgenössische Berichte etwa aus dem rumänischen Kronstadt zeigen, dass nur ein sehr geringer Teil von ihnen auswanderte. Es steht jedoch fest, dass in der zweiten Hälfte des 19. Jahrhunderts bis zum Beginn des Ersten Weltkriegs Roma aus Rumänien und den anderen Balkanländern in alle Himmelsrichtungen auswanderten, zunächst in andere europäische Länder. Diese Roma, unter ihnen Kalderasch (meist Kupferschmiede), Lowara (meist Pferdehändler) und andere Gruppen, werden auch als Vlax-Roma (walachische Roma) bezeichnet, weil ihre Sprache stark durch rumänische Wörter geprägt ist. Sie sind die Hauptgruppe derjenigen Roma, die, wie Millionen andere Europäer, im 19. Jahrhundert auf der Suche nach einem besseren Leben in die Vereinigten Staaten – wohin von 1850 bis 1930 allein fünf Millionen Deutsche migrierten – und Kanada sowie nach Südamerika, Australien und Südafrika auswanderten. Die große Mehrheit der heute in diesen Ländern lebenden Roma sind Nachkommen der europäischen Migranten.

Entstehung des ethnisch-rassistischen Bildes von «Zigeunern»

Während im 18. Jahrhundert die «Erziehung» von «Zigeunern» zu «brauchbaren Bürgern» unter humanistischen und merkantilistischen Aspekten diskutiert und für möglich gehalten wurde und im 19. Jahrhundert das Gleichheitsversprechen mit demokratischen Reformen auch den Roma Hoffnung auf ein besseres Leben versprach, gewann zur gleichen Zeit ein Diskurs an Bedeutung, der derlei Möglichkeiten generell ausschloss. Mit dem modernen Rassismus entstand eine Theorie der Ungleichheit, deren Faszinationskraft in den europäischen Gesellschaften bis heute andauert.

Angefeuert durch die koloniale Unterwerfung von Ländern auf anderen Kontinenten wurden Völkern feststehende Eigenschaften zugeschrieben, und davon ausgehend wurde eine Hierarchie der Völker aufgestellt. Aus der unheilvollen Verquickung von naturwissenschaftlichen Evolutionstheorien und anthropologischen Typisierungen entstand der moderne Rassismus. Der prominenteste Wegbereiter war der französische Orientalist, Diplomat und Schriftsteller Arthur de Gobineau, der in seinem mehrbändigen Werk *Essay über die Ungleichheit der Menschenrassen* (1853–55) die Menschheit in eine «weiße», eine «gelbe» und eine «schwarze Rasse» einteilte. Den Ursprung der allen überlegenen «weißen Rasse» sah Gobineau in einer «Urrasse», die er auch die «nordische», «arische» oder «germanische Rasse» nannte. Er betrachtete – wie die ihm folgenden Vertreter rassenbiologischer und rassenhygienischer Konzepte – eine Vermischung der «Rassen» als die größte Gefährdung der «weißen Kulturvölker». Ideen von spezifischen Volkscharakteren, die als Voraussetzung für Kulturleistungen galten, gewannen in Europa vor dem Hintergrund der Herausbildung großer Nationalstaaten rasch an Popularität und politischer Wirkmächtigkeit.

Auch «Zigeuner» wurden von Anthropologen und Ethnologen auf ihre Abstammungsmerkmale hin geprüft und dabei zusammen mit «Juden» und «Negern» als außereuropäische Völker klassifiziert. Die indische Herkunft, die nach der Rassentheorie Gobineaus auf «arische» Wurzeln verwies, hatte schon Grellmann Ende des 18. Jahrhunderts mit der Behauptung entwertet, «Zigeuner» entstammten einer Pariakaste. Als «Volk» wurden «Zigeuner» in eine vorzivilisatorische Stufe eingeordnet, nicht dazu fähig, wie der europäische «Kulturmensch» eine zivilisatorische Entwicklung zu durchlaufen. Alles das, was sich bis dahin an Klischees und Vorurteilen über «Zigeuner» angehäuft hatte, wurde nun kategorisiert und als Erbgut eines angeblich fremden und die Europäer zersetzenden Volkes kanonisiert. Darin zeigt sich die Kehrseite der Aufklärung: Diese Vorstellung schloss alle Türen für eine gesellschaftliche Inklusion. Stattdessen rückten nun bevölkerungspolitische Konzepte wie Segregation und Sterilisation in den Vordergrund, um eine vermeintliche «Zigeunerfrage» zu lösen.

Kontrollregime Die Immigration von Roma aus dem Balkan in andere europäische Staaten während des 19. Jahrhunderts war, auch gemessen an der Gesamtzahl der zu dieser Zeit migrierenden Menschen, verschwindend gering. Sie lag signifikant unterhalb der Anzahl der seit den 1880er-Jahren aus Osteuropa flüchtenden Juden, die mehrheitlich ebenfalls über Europa in andere Kontinente auswanderten, und auch deutlich unterhalb der Anzahl all derjenigen, die sich als Arbeitsmigranten in den Industriezentren Europas verdingten. Dennoch sorgten die wenigen im Deutschen Reich auftauchenden «türkischen Bärenführer», die in England in Zelten kampierenden Kalderasch, die reich mit Schmuck behängten, ansonsten aber ärmlich gekleideten Kupferschmiede in den Niederlanden und die mit Pferden und Fahrzeugen ausgestatteten «Bohémiens» an der französisch-belgischen Grenze für ein ähnliches Aufsehen wie die vierhundert Jahre zuvor eingewanderten Roma.

Die Entstehung von Nationalstaaten bedurfte einer Konsensbildung und Homogenisierung, die durch eine Exklusion von «Fremden» («Juden», «Zigeuner», aber auch national Fremde wie «Polen») unterstützt wurde. «Zigeuner» verkörperten all das, was nicht mehr erwünscht war: unkontrollierte Migration, unproduktive Tätigkeit, keine nationale Zugehörigkeit. Oftmals bot sich den einfachen Gendarmen vor Ort keinerlei Handhabe, um mit Papieren ausgestattete Ankömmlinge, die zu einer selbständigen Versorgung in der Lage waren, abzuwehren. Umso obsessiver bauten vor allem die deutschen Staaten ein Kontrollregime auf, das vermeintliche von der Minderheit ausgehende Gefahren abwehren sollte. Dazu gehörten Einreiseverbote für Roma, Abschiebungen, generelle Reiseverbote innerhalb der Länder, Niederlassungsverbote oder Einschränkungen in der Gewerbeausübung; teilweise wurden den Roma erneut ihre Kinder weggenommen. Diese restriktiven Maßnahmen setzten einen Kreislauf aus Vertreibung und Verelendung in Gang, der es migrierenden Roma erheblich erschwerte, sich irgendwo eine Lebensgrundlage zu schaffen.

Um die Wende zum 20. Jahrhundert wurde die systematische Erfassung der Minderheit vorangetrieben. Vorreiter waren Österreich, Deutschland und Frankreich, die ihre «Zigeunerpolitik» als eine kriminologische Aufgabe definierten und dazu modernste Methoden wie Daktyloskopie und Fotografie einsetzten. Seit 1880 begannen österreichische Polizeibehörden mit der angestrebten Totalerfassung von Roma in Niederösterreich, Böhmen und Mähren, seit 1889 sammelte in München ein polizeilicher Nachrichtendienst Daten über die Roma in den deutschen Ländern, und in Paris entstand ab 1907 eine anthropometrische Kartei, in der alle «Nomades» mit Lichtbild, Fingerabdruck und Personenbeschreibung erfasst werden sollten. Die Konsequenzen waren fatal: Roma wurden per se als Verbrecher angesehen und vom Kind bis zum Greis kriminalisiert. Die notwendigen Daten für die Karteien konnten nur anhand von regelmäßigen Kontrollen und Razzien erhoben werden, womit in der Öffentlichkeit der Eindruck erweckt wurde, von der Minderheit gehe eine Gefahr aus. Besonders nachhaltig wirkten die auch in den Medien verbreiteten Polizeifotografien, mit denen Roma als ein besonderer «Verbrechertypus» präsentiert wurden. Darüber hinaus diente die individuelle Erfassung der Ausstellung von Ausweisen, die Roma einen Sonderstatus außerhalb der Gesellschaft zuwiesen.

Eine kurze Blüte Mit der russischen Oktoberrevolution von 1917 und der Schaffung der Union der Sozialistischen Sowjetrepubliken, der UdSSR, betrat ein neuer Staat mit dem Anspruch, die bestehenden Macht- und Wirtschaftsverhältnisse zum Wohle der breiten Bevölkerung umzustoßen, die Weltbühne. Nach Jahren des Bürgerkriegs begannen in den 1920er-Jahren tiefgreifende Veränderungen, die auch das Leben der Roma nachhaltig beeinflussen sollten. In dem Vielvölkerstaat galten Roma als eigene Nationalität, doch ein «autonomes

Zigeunergebiet» kam in den wenigen Jahren dieser fördernden Politik nicht zustande. Während ein Teil der Roma-Elite vor den Bolschewiki ins Ausland floh, engagierten sich andere beim Aufbau des Sozialismus. 1923 wurde die erste kommunistische Jugendgruppe von Roma gegründet, aus der zwei Jahre später die «Allrussische Zigeuner-Union» hervorging. Zwar löste der Staat diese bereits 1928 wieder auf, doch ein Teil ihrer mehr als 600 Mitglieder blieb politisch aktiv.

1926 lebten gemäß einer Volkszählung 61 299 Roma in der Sowjetunion, ein Fünftel davon in Städten, während mehr als die Hälfte ein Wandergewerbe ausübte und daher als «nomadisch» galt. Ein Ziel der Roma-Politik war es, die Familien dauerhaft anzusiedeln und in die neue Wirtschaftsweise einzugliedern. Dazu wurde die Gründung von «Zigeuner»-Kolchosen – landwirtschaftlichen Kooperativen – und Handwerkskooperativen gefördert, was in einigen Fällen zu dauerhaften Ergebnissen führte. Ein zweiter wichtiger Politikbereich war die Bildung. In keinem anderen Land erlebte die Pflege des Romanes eine derartige Blüte wie in der frühen Sowjetunion, nicht zuletzt auch deshalb, weil sie aktiv von Roma und Romnja betrieben wurde. Bereits 1929 erschien eine Studie über die Sprache der russischen Roma; eine Grammatik und ein Wörterbuch folgten 1931 und 1938. Neben Zeitschriften erschienen in dieser Phase fast 300 Publikationen auf Romanes: Übersetzungen von Propagandaschriften und russischen Klassikern bis hin zu Lyrik und Prosa von Roma-Autoren. Auch im Bildungswesen wurden Zeichen gesetzt. Zum ersten Mal gab es Lehrbücher auf Romanes, außerdem Alphabetisierungskurse sowie Roma-Schulen und -Kindergärten, für die mehr als 100 Roma und Romnja als Lehrkräfte ausgebildet wurden.

Doch die experimentierfreudigen 1930er-Jahre standen auch im Zeichen einer brutalen staatlichen Repression unter dem mächtigen Generalsekretär des Zentralkomitees der Kommunistischen Partei der Sowjetunion, Josef Stalin. Roma waren davon genauso betroffen wie andere Sowjetbürger. Mehr als 5000 Roma wurden 1932/33 aus größeren Städten, die für einen Zuzug gesperrt worden waren, nach Sibirien verbannt. In den Jahren des «Großen Terrors» 1936 bis 1938 wurden echte oder vermeintliche politische Gegner in spektakulären Schauprozessen oder von kleinen Schnellgerichten zum Tode, zu Haft oder Zwangsarbeit im sowjetischen Lagersystem («Gulag») verurteilt. Unter den 1,5 Millionen Todesopfern dieser Jahre waren auch Roma, aber sie standen nicht im Fokus der «Säuberungen», und die führenden Roma-Intellektuellen blieben verschont.

Ab 1938 jedoch war mit der fördernden Politik für Roma Schluss – sie sollten nicht mehr als eigene Nationalität behandelt, sondern ohne Sonderstellung, aber auch ohne Diskriminierung ein Teil der Sowjetgesellschaft werden. Dies eröffnete zumindest die Möglichkeit einer gleichberechtigten Teilhabe, die viele Roma für einen beruflichen Aufstieg nutzen konnten. Übrig blieben aus der Zeit der Blüte einige «Zigeuner»-Kolchosen und Handwerksbetriebe sowie kulturelle Projekte, darunter das 1931 eröffnete und bis heute existierende Theater «Romen» in Moskau.

Kaiserreich und Weimarer Republik Im Deutschen Reich wurde ein knappes Jahr nach der Oktoberrevolution die Monarchie gestürzt. Seit dem 9. November 1918 existierte die erste parlamentarische Demokratie in Deutschland, die nach dem Tagungsort der Verfassunggebenden Versammlung von 1919 auch «Weimarer Republik» genannt wird. Die Verfassung garantierte erstmals allen Bürgern wesentliche Grundrechte, doch trug die Republik schwer an dem Erbe aus Kaiserreich und Erstem Weltkrieg, mit einschneidenden Folgen für die in Deutschland lebenden Minderheiten.

Als im 19. Jahrhundert aus einem Kleinstaatenverbund das Deutsche Reich unter Führung Preußens entstanden war, wurden Fragen nationaler Zugehörigkeit intensiv diskutiert. In publizistischen und politischen Debatten wurden vor allem Polen, Juden und Roma aufgrund ihrer Herkunft als Nicht-Deutsche ausgemacht und durch juristische und administrative Maßnahmen sowie seit den 1880er-Jahren mit Ausweisungen traktiert. Das seit 1842 geltende preußische Staatsangehörigkeitsrecht,

August Sander, «Zigeunerprimas», 1929 oder 1931,
Silbergelatineabzug, 28,1 × 20,6 cm

das nicht, wie in vielen anderen Ländern, auf dem Geburtsortprinzip («ius soli»), sondern auf biologischer «Abstammung» («ius sanguinis») basierte, war 1871 Reichsrecht geworden und Vorbild für das 1913 erlassene deutsche Reichs- und Staatsangehörigkeitsgesetz. Damit wurde die Fiktion festgeschrieben, dass es sich bei dem deutschen Volk um eine «blutsmäßige» Abstammungsgemeinschaft handele – eine «völkische» Definition von einem Staatswesen, auf der die Nationalsozialisten später ihr Unrechtsregime aufbauen konnten. Selbst wenn Angehörige der genannten Minderheiten schon lange auf deutschem Boden gelebt und vor der Reichsgründung eine der deutschen Staatsangehörigkeiten erworben hatten, galten sie nicht als vollwertige Bürger. Nicht wenige deutsche Sinti hatten Schwierigkeiten, ihre Staatsangehörigkeit nachzuweisen, und wurden kurzerhand zu «Staatenlosen» erklärt.

Weitere Errungenschaften der Demokratie wie Freizügigkeit, Niederlassungs- und Gewerbefreiheit galten für viele Angehörige von Minderheiten nur auf dem Papier. Formal konnten sich Sinti und Roma mit deutscher Reichsangehörigkeit überall niederlassen und ein Gewerbe betreiben, doch praktisch wurde dies vielerorts vereitelt. Da die «Zigeunerpolitik» auch nach 1918 Ländersache blieb, waren es vor allem die Regierungsbezirke, Städte und Gemeinden, die den Ton angaben. Sie hatten kein Interesse daran, dass überhaupt jemand zuzog, da man stets eine Belastung der Armenfürsorge befürchtete. Wie schon bei der Totalerfassung der Sinti und Roma trat der Freistaat Bayern mit scharfen Maßnahmen hervor. Gemäß dem seit dem 16. Juli 1926 geltenden Gesetz zur «Bekämpfung von Zigeunern, Landfahrern und Arbeitsscheuen» wurden Sinti und Roma so hohe Auflagen gemacht und so drastische Sanktionen angedroht, dass das Gesetz als verfassungswidrig kritisiert wurde. Eine entscheidende Verschärfung im Vergleich zu Gesetzen in anderen Ländern bestand darin, dass es nicht allein auf «nichtsesshafte Zigeuner», sondern auf die Minderheit als Ganze zielte. «Der Begriff ‹Zigeuner›», so hieß es in einer *Ministerial-Entschließung zur Ausführung des Zigeuner- und Arbeitsscheuen-Gesetzes in Bayern* vom 16. Juli 1926, «ist allgemein bekannt und bedarf keiner näheren Erläuterung. Die Rassenkunde gibt darüber Aufschluss, wer als Zigeuner anzusehen ist.» (Zit. nach Höhne, S. 146)

Trotz all dieser Hindernisse hatten sich Sinti und Roma in Deutschland seit dem 19. Jahrhundert zunehmend etabliert. Viele konnten den wirtschaftlichen Einbruch, den die Industrialisierung in ihren Erwerbszweigen verursacht hatte, durch berufliche Neuorientierungen, etwa den Wechsel in die Unterhaltungsbranche oder in andere Gewerbezweige, kompensieren. Von den ökonomischen Krisen nach dem Ersten Weltkrieg und der Weltwirtschaftskrise waren auch sie betroffen. Manche mussten sich in den Armutsquartieren an den Rändern der Städte niederlassen. Private Fotografien zu Beginn des 20. Jahrhunderts zeigen, dass die Lebensverhältnisse der Angehörigen der Minderheit sehr heterogen waren. Sie zeigen ärmlich ausgestattete Haushalte, aber auch klein- und großbürgerliches Ambiente und Wohlstand, fotografiert anlässlich der üblichen Familienereignisse wie Hochzeit, Geburtstag, Einschulung und Kommunion, oder Sinti und Roma, die sich als Musikkapelle oder Soldaten der kaiserlichen Armee auf Erinnerungsfotos präsentieren.

3. Völkermord

Nationalsozialistische Rassenpolitik

Stigmatisierung als «Fremdrasse» Am 30. Januar 1933 wurde Adolf Hitler zum Reichskanzler im Deutschen Reich ernannt und seine Partei, die Nationalsozialistische Deutsche Arbeiterpartei (NSDAP), gelangte an die Macht. Innerhalb weniger Wochen schaltete die NS-Bewegung mit terroristischer Gewalt die politischen Gegnerinnen und Gegner aus, schaffte demokratische Grundrechte ab und begann, die deutsche Gesellschaft als «arische» und homogene, nach dem Führerprinzip ausgerichtete «Volksgemeinschaft» zu formieren. Damit verbunden war die Verheißung einer Gesellschaft, die auf einer gemeinsamen «blutsmäßigen» Abstammung basiere und in der es weder Klassen- noch Standesgegensätze oder weltanschauliche Differenzen geben sollte. Die NS-Bevölkerungspolitik schloss nicht nur die als rassisch fremd Stigmatisierten aus, sondern förderte auch die «wertvollen» Mitglieder der Gemeinschaft, indem sie die vorhandenen Ressourcen gemäß der «rassischen» Eignung zuteilte. Das NS-Regime strebte außerdem die Hegemonie der angeblich überlegenen «arischen Rasse» über Europa an. Zur Durchsetzung seiner Ziele setzte das Regime einen Feldzug gegen innere und äußere «Feinde» in Gang.

Die etwa 500000 Personen zählende jüdische Bevölkerung im Reich bildete die primäre Zielscheibe nationalsozialistischer Agitation gegen «Fremdrassen». Da die Anzahl der im Deutschen Reich lebenden Sinti und Roma mit circa 20000 gering war, spielten «Zigeuner» in der NS-Propaganda eine untergeordnete Rolle. Das heißt jedoch nicht, dass das Feindbild weniger ausgeprägt und die Praktiken weniger durchgreifend gewesen wären. Ziel der NS-Rassenpolitik war die vollständige Exklusion von «Juden» und «Zigeunern». Als weiterer Pfeiler der Rassenpolitik ist die Rassenhygiene zu nennen. Mit rassenhygienischen Maßnahmen sollten vermeintlich «Minderwertige» innerhalb der «Volksgemeinschaft» durch Zwangssterilisation an der Fortpflanzung gehindert oder unter dem Deckmantel der Sterbehilfe («Euthanasie») ermordet werden. Rassenhygienische Konzepte griffen auf breite Bevölkerungskreise aus, trafen in der Umsetzung daher auch «Volksgenossen». Aber sie beeinflussten und prägten die NS-Rassenpolitik gegen «Juden» und «Zigeuner» ebenfalls, sowohl ideologisch als auch in den Techniken und Praktiken der Vernichtung.

Als am 15. September 1935 die in erster Linie gegen «Juden» gerichteten «Nürnberger Gesetze» verabschiedet wurden, gerieten auch Sinti und Roma in den Fokus staatlicher Rassenpolitik. Das «Gesetz zum Schutz des deutschen Blutes und der deutschen Ehre» («Blutschutzgesetz») verbot die Eheschließung oder «außerehelichen Verkehr» zwischen «Juden» und «Staatsangehörigen deutschen oder artverwandten Blutes». In einem Erlass zu dem «Blutschutzgesetz» erläuterte Reichsinnenminister Wilhelm Frick: «Zu den artfremden Rassen gehören alle anderen Rassen, das sind in Europa außer den Juden regelmäßig nur die Zigeuner.» (abgedruckt in Rose 1999, S. 25 f.) Das zweite Gesetz, das am Abend des Parteitages der NSDAP im September 1935 vom Reichstag in Nürnberg verkündet wurde, war das «Reichsbürgergesetz». Danach galten nur die Staatsangehörigen «deutschen oder artverwandten Blutes» als «Reichsbürger» mit Besitz der bürgerlichen Ehrenrechte. Allen anderen wurde ein dem Ausländerrecht ähnlicher Status zugewiesen. Auch hier waren «Zigeuner» nicht in dem knappen Gesetzestext erwähnt worden, aber Frick kommentierte in der Deutschen Juristenzeitung unmissverständlich: «Da die Deutschblütigkeit eine Voraussetzung des Reichsbürgerrechtes bildet, kann kein Jude Reichsbürger werden. Dasselbe aber gilt auch für die Angehörigen anderer Rassen, deren Blut dem deutschen Blut nicht artverwandt ist, z. B. für Zigeuner und Neger.» (Zit. nach Rose 1999, S. 33)

Erfassung Wer als «Jude» zu gelten hatte, legte die «Erste Verordnung zum Reichsbürgergesetz» vom 14. November 1935 fest. Darin wurde zwischen «Juden» und «Mischlingen» unterschieden. Das entscheidende Kriterium für die Einordnung in eine dieser Kategorien war die Religionszugehörigkeit der Großeltern. Mit der Volkszählung von Mai 1939 und über die in Zwangsgemeinschaften gepressten jüdischen Gemeinden gelang dem NS-Regime die nahezu lückenlose Erfassung dieser Gruppe. Die im Deutschen Reich lebenden Sinti und Roma waren jedoch anhand des Kriteriums der Religionszugehörigkeit nicht zu definieren, da sie ganz überwiegend einer christlichen Religionsgemeinschaft angehörten.

Die Weichen für die rassistische Erfassung der Sinti und Roma wurden in Berlin gestellt. Im Mai 1938 wurde die bislang zuständige Polizeistelle in München als «Reichszentrale zur Bekämpfung des Zigeunerunwesens» samt ihren rund 18 000 Akten in das Reichskriminalpolizeiamt (RKPA) überführt. In dem Reichsführer-SS Heinrich Himmler unterstehenden Polizeiapparat wurde «Rasse» endgültig zum Leitbegriff der NS-Zigeunerpolitik. Ein von Himmler am 8. Dezember 1938 herausgegebener Erlass erklärte, dass «die rassische Absonderung des Zigeunertums vom deutschen Volkstum», die «Verhinderung der Rassenvermischung» und die «Regelung der Lebensverhältnisse der reinrassigen Zigeuner und der Zigeuner-Mischlinge» angestrebt werden. Deshalb sollten alle «sesshaften und nichtsesshaften Zigeuner» sowie alle «nach Zigeunerart umherziehenden Personen» im Deutschen Reich – inklusive des im März 1938 angeschlossenen Österreich und der im September 1938 von der Tschechoslowakei annektierten «sudetendeutschen Gebiete» – erfasst und rassenbiologisch untersucht werden.

Die rassenbiologische Begutachtung übertrug das RKPA der seit 1936 existierenden «Rassenhygienischen und bevölkerungsbiologischen Forschungsstelle» (RHF) im Reichsgesundheitsamt. Deren Leiter war der 1901 in Aachen geborene Robert Ritter, der in Psychologie und Medizin promoviert und sich eine Stellung als «Zigeunerexperte» im Reich erarbeitet hatte. Für Ritter war die «Zigeunerfrage» vorwiegend ein «Mischlingsproblem». Seiner – empirisch nicht haltbaren – Auffassung nach lebten in Deutschland zu 90 Prozent «halbsesshafte und sesshafte Mischlingszigeuner», die er als besonders gefährlich für die «Reinerhaltung» des «deutschen Blutes» einschätzte. Ritter entwickelte eine Definition, die sich an die «Nürnberger Gesetze» anlehnte, indem er von der Großelterngeneration ausging. Aber es gab bedeutende Unterschiede: Als «Mischling» galten Juden dann, wenn zwei Großelternteile die jüdische Konfession besaßen. Nach Ritter galt jemand aber selbst dann noch als «Zigeunermischling», wenn zwei Großeltern auch nur «Zigeuneranteile» von einem Viertel oder einer Hälfte aufwiesen. Ab dem Sommer 1941 erstellte die RHF «Gutachten», in denen sie die Opfer ihrer Untersuchungen als «Zigeuner», «Zigeunermischlinge» oder «Nichtzigeuner» einstufte. Bis Kriegsende wurden 24 000 solcher «Gutachten» erstellt.

Rassistische Segregation Die Definition von «Zigeunern» als einer «minderwertigen Rasse» war insofern bedeutsam, als sie den Alltagsantiziganismus auf eine vermeintlich wissenschaftliche Basis stellte. Dies verschob den Horizont staatlicher Handlungsoptionen erheblich und trug zu einer Radikalisierung der Verfolgung entscheidend bei. Statt Kontrolle, Erfassung und Sanktionierung, wie das noch bis Mitte der 1930er-Jahre praktiziert wurde, rückten nun die Methoden der generellen Segregation in den Vordergrund: Zugriff auf die gesamte Minderheit, Einschränkung der Bewegungsfreiheit, präventive Inhaftnahme, Isolationspraktiken in Lagern, Deportationen und rassenhygienische Maßnahmen wie Sterilisation. Dem Modell Ritters lag eine doppelte Stigmatisierung von «Zigeunern» zugrunde: Sie galten im anthropologischen Sinn als «Fremdrasse» und im rassenhygienischen Sinn als «Gemeinschaftsunfähige».

Auf die Nürnberger Gesetze folgten viele Hundert Gesetze, Verordnungen und Erlasse, mit denen bis 1939 die rassistische Exklusion der jüdischen Bevölkerung aus allen Bereichen gesellschaftlichen Lebens, ihre finanzielle Ausplünderung und die räumliche Segregation in Ghettohäusern vorangetrieben wurde. Dieser Ausgrenzungsprozess wurde gegenüber Sinti und Roma seit Mitte der 1930er-Jahre auf lokaler Ebene betrieben und 1941 auf der Basis der «Gutachten» formalisiert. Vom RKPA aus gelangten die «Gutachten» zu Ortspolizeibehörden, Einwohnermelde- und Gesundheitsämtern. Mit der Eintragung der «Rassendiagnose» in die für behördliche Kontakte zentralen Register beschleunigten und verstärkten sich aktuelle Ausgrenzungsprozesse; neue wurden in Gang gesetzt. Für nahezu alle Lebensbereiche ergingen nun Sonderregelungen zur rassistischen Ausgrenzung.

Berufsverbote Die Verdrängung von Sinti und Roma aus dem Berufsleben verlief ebenfalls anders als bei der jüdischen Bevölkerung, führte letztlich jedoch zu dem gleichen Ergebnis, nämlich einem faktischen Berufsverbot mit zunehmender Verarmung der Betroffenen. Viele Sinti und Roma übten ihre selbständigen Berufe als Händler, Musiker, Artisten und Schausteller im Familienverband aus. Seit 1933 wurden diese Tätigkeiten von NSDAP-Amtsträgern, von der Deutschen Arbeitsfront oder auch von Verbänden oder Konkurrenten als unproduktive oder betrügerische Gewerbe diffamiert, ihre als Wandergewerbe praktizierte Berufsausübung als «Reisen in Horden» kriminalisiert, und die Sinti und Roma wurden wegen angeblich unkontrollierten «Umherziehens» unter den Generalverdacht der Spionage gestellt. Zahlreiche Städte und Gemeinden verweigerten ihnen generell die Ausgabe von Wandergewerbescheinen, lange bevor dies reichsweit angeordnet wurde. Viele Betroffene wurden gezwungen, ihre Gewerbe aufzugeben, und mussten von den Arbeitsämtern vermittelte, schlecht entlohnte Hilfsarbeiten verrichten.

Auch die Musiker unter den Sinti und Roma hatten seit 1933 zunehmend Schwierigkeiten, ihren Beruf auszuüben. Vielen wurde wegen ihrer «nicht arischen» Abstammung die Aufnahme in den Berufsverband, die «Reichsmusikkammer», verweigert, obwohl offiziell erst ab April 1939 eine Aufnahme von «Zigeunern» verboten war. Spätestens ab diesem Zeitpunkt wurden auch all diejenigen, die noch in den Besitz der Papiere gelangt waren, aus der Kammer ausgeschlossen. Viele Sinti und Roma konnten ihre Berufe daher nur noch illegal ausüben. Das erhöhte jedoch die Gefahr, kriminalisiert und damit weiteren Verfolgungsmaßnahmen ausgesetzt zu werden.

Seit 1938 wurden Sinti und Roma, die nicht bereit waren, ihr Gewerbe aufzugeben, verstärkt auf der Basis des «Grundlegenden Erlasses über die vorbeugende Verbrechensbekämpfung» vom 14. Dezember 1937 als vermeintlich «Asoziale» oder «Arbeitsscheue» in Konzentrationslager (KZ) verschleppt. Auf der Basis dieses Erlasses konnte die Kriminalpolizei – wie bis dahin nur die Gestapo – jederzeit ohne juristische Verfahren aus eigenem Ermessen heraus beliebig viele Personen in ein KZ verschleppen.

Kommunale Zwangslager Die ökonomische Situation von Sinti und Roma verschlechterte sich unter diesen Bedingungen in den 1930er-Jahren innerhalb kurzer Zeit. Zugleich betrieben die Kommunen eine Politik, die diese Gruppe möglichst aus der öffentlichen Daseinsfürsorge ausschließen sollte. In zahlreichen Städten entstanden daher seit 1935 «Zigeunerlager», die von den Stadtverwaltungen im Einvernehmen mit Polizei und NSDAP-Dienststellen als bewachte Plätze oder Barackenlager betrieben wurden. Vorreiter waren Köln (1935) und Berlin (1936), wo die bevorstehenden Olympischen Spiele dazu genutzt wurden, schon länger vorhandene Planungen umzusetzen. Vor allem größere Städte wie Frankfurt am Main (1936), Magdeburg (1936) oder Düsseldorf (1937) nutzten dieses Instrument der räumlichen Segregation und Konzentration der Minderheit.

Trotz lokaler Besonderheiten lassen sich für die Lager gemeinsame Merkmale feststellen: Angehörige der Minderheit sollten aus dem Stadtbild verdrängt und möglichst an der Peripherie angesiedelt werden. Die Unterbringung in einem umzäunten und bewachten Lager bedeutete zugleich das Ende selbständiger Erwerbstätigkeit und die zwangsweise Rekrutierung zu schlecht entlohnter Pflicht- oder Hilfsarbeit. An die Insassen wurden verminderte Fürsorgesätze ausgezahlt. Die Konzentration an einem Ort erleichterte die Kontrolle sowie die polizeiliche und rassenbiologische Erfassung. Schließlich dienten die Lager zur Trennung der Sinti und Roma von der übrigen Bevölkerung. Die in den Lagern Untergebrachten waren einem engmaschigen Kontrollregime und der Gewalt der Bewacher unterworfen, litten unter räumlicher Enge, schlechter Ernährung, unzureichender hygienischer Ausstattung sowie mangelnder medizinischer Versorgung. Soziale Kontakte brachen ab, und die Kinder konnten nicht mehr die Schule besuchen.

Die Bedeutung dieser kommunalen Zwangslager als Instrument der Verfolgung von Sinti und Roma ist lange nicht beachtet worden. Dabei kann davon ausgegangen werden, dass am Vorabend des Zweiten Weltkriegs innerhalb des Deutschen Reiches schätzungsweise ein Drittel bis die Hälfte der Minderheit in solchen «Zigeunerlagern» leben musste. Die Lager erfüllten den gleichen Zweck wie die Konzentration der jüdischen Bevölkerung in Ghettohäusern: Sie dienten der innerstädtischen Segregation der «Fremdrassigen» und vereinfachten deren spätere Deportation.

Vernichtung

Deportation Der Überfall des Deutschen Reiches auf Polen am 1. September 1939 und der damit beginnende Zweite Weltkrieg war in mehrfacher Hinsicht ein Wendepunkt der nationalsozialistischen Rassenpolitik. Juden, Sinti und Roma wurden nicht mehr primär vertrieben – etwa die Hälfte der jüdischen Bevölkerung im Deutschen Reich war bis dahin emigriert –, sondern deportiert. Die Ausweitung des deutschen Machtbereiches führte dazu, dass in immer weiteren Teilen Europas eine «rassische Neuordnung» herbeigeführt werden sollte. Die von Anfang an brutale Kriegführung der Wehrmacht und der in ihrem Windschatten agierenden Einsatzgruppen und Polizeibataillone öffnete die Schleusen für eine Rassenpolitik, die auf eine physische Vernichtung von «Juden» und «Zigeunern» abzielte.

Am 27. September 1939 wurde das RKPA mit dem Geheimen Staatspolizeiamt, dem Hauptamt Sicherheitspolizei und dem Sicherheitshauptamt der SS (Schutzstaffel) zum «Reichssicherheitshauptamt» (RSHA) zusammengefasst. Eines der ersten Vorhaben im RSHA war die Planung der vollständigen Deportation aller «Juden» und «Zigeuner» aus dem Deutschen Reich in das besetzte Polen. Als Vorbereitung für die Deportation der Sinti und Roma ordnete das RKPA die sogenannten «Zigeunerzähltage» an, um in der Zeit vom 25. bis zum 27. Oktober 1939 nochmals die Erfassung zu vervollkommnen. Gleichzeitig wurde allen Sinti und Roma die Auflage erteilt, an ihrem derzeitigen Wohn- oder Aufenthaltsort zu verbleiben. Wer dagegen verstieß, konnte in ein Konzentrationslager verschleppt werden. Die unmittelbare «Festsetzung» galt unabhängig davon, ob sich die Betroffenen zu diesem Zeitpunkt gerade an ihrem Heimatort befanden oder nicht. Zahlreiche Familien wurden – der Erlass galt bis Kriegsende – auf Jahre oder für immer auseinandergerissen, alle aufgegriffenen «Zigeuner» in notdürftige Behausungen, auf provisorische Stellplätze oder in kommunale Lager gezwungen, wo sie unter immer elenderen Bedingungen leben mussten.

Rund 2340 Sinti und Roma wurden im Mai 1940 aus West- und Nordwestdeutschland über drei Sammelpunkte in das besetzte Polen deportiert. Die Deportationszüge leitete man in drei der vier Distrikte des «Generalgouvernements» (den Zug aus Hamburg nach Lublin, den aus Köln nach Warschau, den aus Stuttgart nach Radom). Die Insassen lud man bei Ankunft in improvisierte Lager aus. Für die Opfer bedeutete dies, dass sie oft jahrelang in provisorischen, vielfach wechselnden Unterkünften lebten und zu Zwangsarbeitskolonnen zusammengefasst wurden. Sie mussten ihr Überleben tagtäglich improvisieren und waren der Willkür der lokalen Machthaber ausgeliefert. Viele erlagen den unmenschlichen Lebensbedingungen, und wer fliehen konnte, schwebte in ständiger Lebensgefahr. Seit dem Sommer 1942 gerieten viele Gruppen oder Familien in die zweite Mordphase des Holocaust: Sie wurden in die Ghettos eingewiesen, von wo aus die meisten Juden kurz zuvor in Vernichtungslager deportiert worden waren. In diesen Ghettos wurden auch Sinti und Roma Opfer von Mordaktionen.

«Zigeunerlager» Da sich die angekündigten umfassenden Deportationen aus verschiedenen Gründen – wegen des Kriegsverlaufs, aber auch aufgrund der höheren Priorität der Deportation der jüdischen Bevölkerung – nicht wie geplant umsetzen ließen, gewann das Instrument des Lagers seit 1939 weiter an Bedeutung, nicht nur im «Altreich», sondern auch in den dem Reich angeschlossenen Gebieten, den besetzten Ländern und bei den Kollaborationsregimen.

So musste auch auf dem Gebiet des ehemaligen Österreich der größte Teil der Minderheit in einer Vielzahl von Lagern leben. Besondere Bedeutung hatten die unter polizeilicher Aufsicht stehenden Lager in Salzburg-Maxglan (1940–1943) und Lackenbach (1940–1945), die als regionale Sammellager dienten und in denen ein KZ-ähnliches Regime herrschte. Lackenbach als das größte Lager durchliefen rund 4000 Roma. Polizeiliche «Zigeunerlager» gab es ebenfalls im Protektorat Böhmen und Mähren, wo 1939 etwa 6500 Roma lebten. Ab August 1942 wurden als «Zigeuner» und «Zigeunermischlinge» erfasste Personen in Lagern im böhmischen Lety und im mährischen Hodónin interniert.

Eine Vielzahl von «Zigeunerlagern» gab es im besetzten Frankreich. Es wird geschätzt, dass dort die Hälfte der etwa 13 000 Manouches, davon 30 bis 40 Prozent Kinder, in solchen Unterkünften, in denen meist bedrückende Verhältnisse herrschten, leben musste. Schon vor dem Einmarsch der deutschen Wehrmacht erließ der Präsident der Republik am 6. April 1940 ein Gesetz, das «Nomades» einen Zwangsaufenthalt verordnete. Im Oktober 1940 gab die deutsche Militärverwaltung eine Direktive an die französische Polizei heraus, «Zigeuner» in Sammellagern zu konzentrieren. In insgesamt 23 Internierungslagern im besetzten Teil Frankreichs wurden «Manouches» und andere «Personen ohne festen Aufenthaltsort» eingewiesen. Die Umsetzung oblag allein der französischen Polizei. Nach und nach wurden Nicht-Roma entlassen und die Lager zusammengelegt. Zwar wurden einige wenige Manouches zur Zwangsarbeit ins Reich oder auch in Konzentrationslager verschleppt und einige in der letzten Kriegsphase von SS- oder Wehrmachtangehörigen erschossen, doch es gab keine Deportationen aus dem besetzten Frankreich nach Auschwitz. Im unbesetzten südlichen Vichy-Frankreich existierten zwei größere Lager für «Nomades» in La Barcarès und Saliers, wohin auch die aus dem Elsass abgeschobenen Sinti eingewiesen wurden, die seit 1940 in mehreren kleineren Lagern gefangen gehalten worden waren.

Das mit dem Deutschen Reich verbündete Rumänien trieb 1942/43 rund 25 000 Roma nach Transnistrien, wo sie in improvisierten Unterkünften leben mussten und wo annähernd die Hälfte von ihnen starb. In dem Vasallenstaat Slowakei wurden Roma mit anderen Gruppen in Zwangsarbeitslagern interniert, bis ab September 1944 auf Befehl der deutschen Verwaltung männliche Roma in das Arbeitslager in Dubnica nad Váhom eingewiesen wurden. Dieses Lager diente seit November 1944 als «Sicherungslager für Zigeuner»; in ihm lebten Ende des Jahres 729 Roma, darunter 250 Kinder, unter KZ-ähnlichen Bedingungen. Die meisten Morde an slowakischen Roma verübten die Einsatzgruppe H sowie Angehörige der slowakischen

Hlinka-Garde, der Wehrmacht und des «Heimatschutzes» der deutschen Minderheit in den letzten Kriegsmonaten. Auch in Ungarn setzte die Verfolgung erst in der letzten Kriegsphase ein, als im März 1944 das Deutsche Reich das Territorium des abgefallenen Verbündeten besetzte. Männliche Roma im Alter von 16 bis 60 Jahren wurden in Zwangsarbeitskolonnen rekrutiert. Ab Oktober 1944 wurden die ungarischen Roma durch das faschistische Pfeilkreuzler-Regime festgesetzt und in Sammelunterkünften wie etwa in Komárom zusammengezogen, um sie in Konzentrationslager im Reich zu deportieren.

Verschleppungen in Konzentrationslager Konzentrationslager waren ein zentrales Terrorinstrument im NS-Staat. In ihnen wurden vor allem politische, religiöse und rassische Gegnerinnen und Gegner in Haft genommen, entmenschlicht, gefoltert und ermordet. Der Alltag war für die Häftlinge von Unterversorgung, schwerer körperlicher Arbeit, Gewaltexzessen der SS und ständiger Lebensgefahr bestimmt. Auch Sinti und Roma waren in großer Anzahl in den KZ inhaftiert. In der von der SS eingeführten Häftlingshierarchie standen sie mit den Juden an unterster Stelle und waren daher besonders der Gewalt ausgesetzt. Zynischerweise wurden viele der Musiker, denen in Freiheit die Arbeit verboten worden war, in den Lagern in die Häftlingsorchester gezwungen, um bei Appellen und beim Ein- und Ausmarsch der Gefangenen aufzuspielen.

Bereits 1938 wurden mehrere Hundert männliche Sinti und Roma aus dem Deutschen Reich im Rahmen der Aktion «Arbeitsscheu Reich» nach Buchenwald, Dachau und Sachsenhausen verschleppt, um den Bedarf an Arbeitskräften der im Entstehen begriffenen SS-Unternehmen zu decken. Eine weitere Verschleppungsaktion richtete sich im Sommer 1939 gezielt gegen Roma aus dem österreichischen Burgenland. Auch hier wurden vor allem arbeitsfähige Männer und Frauen ausgewählt. Mindestens 600 Männer ab sechzehn Jahren wurden nach Dachau verschleppt und von dort zum Teil nach Buchenwald und Mauthausen überführt. Mehr als 400 Frauen, darunter zahlreiche Jugendliche, kamen in das Frauen-KZ Ravensbrück.

Viele überlebten den Winter 1939/40 nicht. Immer wieder wiesen die «Dienststellen für Zigeunerfragen» bei den Kriminalpolizeileitstellen einzelne Sinti oder Roma in KZ ein, meist bei geringfügigen Anlässen, etwa wenn sich die Betroffenen der polizeilichen oder rassenbiologischen Erfassung oder einer drohenden Zwangssterilisation zu entziehen versuchten.

In den besetzten Ländern entstanden Lager, die den Konzentrationslagern glichen. Eines der berüchtigtsten war Jasenovac in Kroatien. Das im April 1941 vom Deutschen Reich zusammen mit seinen italienischen und bulgarischen Verbündeten überfallene Jugoslawien war in mehrere Teilstaaten aufgeteilt worden. In dem klerikal-faschistischen Satellitenstaat «Unabhängiger Staat Kroatien» regierte die «Ustascha»; eine hohe Anzahl deutscher Soldaten blieb jedoch dort stationiert. Von den schätzungsweise 28 000 Roma, die vor dem Krieg in Kroatien ansässig waren, überlebten nur etwa tausend. Ab Mai 1942 wurden fast alle Roma nach Jasenovac deportiert und dort in einem separaten Bereich eingepfercht. Innerhalb von sechs Monaten wurden all diese Frauen, Männer und Kinder ermordet, entweder durch die Ustascha-Wachen im Lager oder indem man sie von Jasenovac aus zu einer Exekutionsstätte brachte, wo sie vor ausgehobenen Gruben erschossen wurden.

Ghetto Litzmannstadt Im Deutschen Reich unternahmen nach der ersten Deportation vom Mai 1940 immer wieder lokale und regionale Instanzen Vorstöße, um sich ihrer «Zigeuner» zu entledigen. Besonders rigoros war man im österreichischen Burgenland. Im Herbst 1941, parallel zu den beginnenden großen Deportationen von Juden aus dem «Altreich» und der «Ostmark», wurden daher 5007 Roma aus den Reichsgauen Niederdonau und Steiermark in das Ghetto Litzmannstadt deportiert. Bei der Auswahl der Deportationsopfer dürfte das Kriterium der Arbeitsfähigkeit eine große Rolle gespielt haben: Die burgenländischen Gemeinden, die sich bereitwillig an den Kosten für die Deportationen beteiligten, hatten ein Interesse daran, nur arbeitsfähige Roma in den «Zigeunerlagern» zu behalten und sich derjenigen zu entledigen, die Kosten verursachten.

Im Ghetto Litzmannstadt, wo 160000 polnische Juden und 20000 «Westjuden» auf vier Quadratkilometern zusammengepfercht waren, wurde im November 1941 ein Lagerabschnitt abgetrennt. Dorthin brachte man die Roma aus dem Burgenland; 1130 Männer, 1188 Frauen und 2689 Kinder. Sie wurden vom übrigen Ghetto durch einen doppelten Stacheldraht isoliert, die Fenster der Häuser zu den Straßen hin zugemauert. Die Bedingungen waren derart katastrophal, dass bis Jahresende mindestens 600 von ihnen an Flecktyphus starben. Alle anderen Roma wurden während der Monate Dezember 1941 und Januar 1942 in das etwa 50 Kilometer entfernte Vernichtungslager Kulmhof verbracht und dort in Gaswagen ermordet.

Das «Zigeunerlager» im Ghetto Litzmannstadt, das nur wenige Wochen existierte, markiert wie kein anderes den Übergang von der Verfolgung zur Vernichtung. Keiner der Deportierten überlebte. Die Ermordung der Roma war zum Zeitpunkt ihrer Deportation nicht geplant, aber sie erschien den für das Ghetto und diesen Massenmord Verantwortlichen in der spezifischen Konstellation – Platzmangel, Ernährungsprobleme, Seuchen – als die einzig mögliche «Lösung» einer von ihnen selbst geschaffenen Problemlage.

Massaker Während im Deutschen Reich und im deutsch besetzten Westeuropa die dort lebenden Angehörigen der Minderheit überwiegend durch Isolation und anschließende Deportation in Ghettos, Konzentrations- und Vernichtungslager zu Tode gebracht wurden, starben im deutsch besetzten Ost- und Südosteuropa, wo die Mehrheit der europäischen Roma lebte, viele Tausende durch Mordaktionen außerhalb von Lagern. Im besetzten Polen erschossen Soldaten der Wehrmacht bereits Ende September 1939 eine Gruppe von Roma in einem Dorf in der Nähe von Danzig, und noch im gleichen Jahr wurden in einer zentralpolnischen Ortschaft zwei Roma zur Abschreckung öffentlich gehängt. Für die Zeit bis Kriegsende sind bislang 188 vergleichbare Mordaktionen dokumentiert, denen mindestens 4200 Roma zum Opfer fielen. Etwa drei Viertel der Exekutio-

Roma in der besetzten Sowjetunion kurz vor der Erschießung, Herbst 1942

nen durch Polizei-, SS- und Wehrmachteinheiten an Roma fanden 1942 und 1943 statt.

Die deutsche Militärverwaltung in Serbien führte wenige Wochen nach der Besetzung, am 30. Mai 1941, eine Sondergesetzgebung gegen Juden und «Zigeuner» ein, die Melde- und Kennzeichnungspflicht, Enteignung, Ausgeh- und Berufsverbote sowie Zwangsarbeit umfasste. Roma wurden in Lager verschleppt oder Opfer von Massakern. Besonders berüchtigt sind die «Geiselmorde», mit denen die Militärverwaltung auf die starke Widerstandsbewegung in Serbien reagierte: Für jeweils einen von Partisanen getöteten deutschen Soldaten sollten hundert Geiseln – meist Juden und Roma – erschossen werden. So wurden beispielsweise laut einer Meldung des Chefs der Sicherheitspolizei (Sipo) und des Sicherheitsdienstes (SD) vom 9. Oktober 1941 als «Sühnemaßnahme» für 21 erschossene deutsche Soldaten 2100 Juden und Roma von deutschen Soldaten exekutiert. Bereits im August 1942 verkündete SS-Gruppenführer Dr. Harald Turner, der Chef der Militärverwaltung in Serbien: «Serbien einziges Land, in dem Judenfrage und Zigeunerfrage gelöst.» (NOKW-1486)

Mit dem Überfall der Wehrmacht auf die Sowjetunion am 22. Juni 1941 wurden auch die dort lebenden Roma Opfer von gezielten Vernichtungsaktionen. Nach den Wehrmachtverbänden durchkämmten vier sogenannte Einsatzgruppen der Sicherheitspolizei und des Sicherheitsdienstes die von den Heeresgruppen Nord, Mitte und Süd kontrollierten drei militärischen Besatzungszonen. Sie sollten vor allem Juden und Kommunisten aufspüren und ermorden. Zu den Opfern der systematischen Jagd nach «unerwünschten Elementen» gehörten auch mindestens 30 000 Roma. Als erste Region wurde die Krim «zigeunerfrei». Mehr als 800 Roma aus Simferopol wurden am 9. Dezember 1941 aus der Stadt verschleppt und vor ausgehobenen Gruben erschossen. Danach suchte die Einsatzgruppe D die ländlichen Regionen heim: Viele Roma wurden an Ort und Stelle erschossen, mehrere Gruppen in mobilen Gaswagen ermordet. In den Gebieten der Heeresgruppen Mitte und Nord wurden die dort aufgespürten Roma seit dem Frühjahr 1942 ebenfalls Opfer einer systematischen Mordpraxis, darunter auch, wie Martin Holler gezeigt hat, die Bewohner der Roma-Kolchosen.

Konzentrations- und Vernichtungslager Auschwitz-Birkenau Nachdem die Deportation der Juden in die Ghettos und Vernichtungslager weitgehend abgeschlossen war, wurde die im Reich lange angestrebte «Lösung der Zigeunerfrage» wieder in Angriff genommen. Himmler ordnete am 16. Dezember 1942 die «Einweisung von Zigeunermischlingen, Rom-Zigeunern und balkanischen Zigeunern in ein Konzentrationslager» an. Am 29. Januar 1943 erging der Deportationsbefehl für das Deutsche Reich, ähnlich lautende Anweisungen für die «Alpen- und Donaureichsgaue», den Bezirk Bialystok, das Elsass, Lothringen, Luxemburg, Belgien und die Niederlande folgten wenig später.

In Auschwitz-Birkenau wurde in dem Lagerabschnitt «B II» ein aus 32 Baracken bestehender Bereich «B IIe» abgetrennt, in den seit dem 26. Februar 1943 laufend in Güterwaggons transportierte Sinti und Roma eingeliefert wurden. Mit denjenigen, die ohne Registrierung eintrafen und unmittelbar in den Gaskammern ermordet wurden, betrug die Gesamtzahl der nach Auschwitz deportierten Sinti und Roma rund 22 700 Menschen. Etwa die Hälfte der Eingelieferten kam aus dem Deutschen Reich, viele aus Österreich (14 Prozent), Böhmen und Mähren (21) sowie Polen (6). Die übrigen hatten andere Nationalitäten oder galten als Staatenlose. Unter ihnen waren auch 245 Sinti und Roma, die aus den Niederlanden über das Lager Westerbork, und 351, die aus dem damaligen «Belgien und Nordfrankreich» über das Lager Mechelen nach Auschwitz deportiert worden waren.

Den Eingelieferten wurde auf den linken Unterarm eine Ziffer mit einem «Z» davor tätowiert, bei Säuglingen wurde dafür ein Oberschenkel verwendet. Männer, Frauen und Kinder wurden zusammen in dem Lagerbereich «B IIe», auch «Zigeunerfamilienlager» genannt, interniert. Dort herrschten so grauenhafte Zustände, dass bereits Ende des Jahres 1943 rund 70 Prozent von ihnen gestorben waren – vor Entkräftung und Hunger, an den aufgrund der mangelhaften Versorgung mit Sanitäranlagen und Medikamenten rasch grassierenden Infektionskrankheiten oder durch Gewaltexzesse von SS-Leuten. Zudem gab es seit Bestehen des «Zigeunerfamilienlagers» gezielte Vernichtungsaktionen. Bereits im März 1943 wurden 1700 ostpreußische Sinti und Roma bei Ankunft direkt in den Gaskammern ermordet, weil in dem Transport Fleckfieber festgestellt worden war. Der berüchtigte SS-Arzt Josef Mengele selektierte mehr als 1000 Sinti und Roma aus dem Krankenblock zum Mord im Gas. Kranke und vor allem erkrankte Kinder wurden mit Phenolinjektionen ins Herz getötet.

Aller Wahrscheinlichkeit nach im April 1944 traf Heinrich Himmler die Entscheidung, das «Zigeunerfamilienlager» zu liquidieren. Nachdem ein erster Versuch an der Gegenwehr der Betroffenen gescheitert war, wurden etwa 3000 Sinti und Roma, darunter vor allem ehemalige Wehrmachtangehörige und ihre Familien, als Arbeitskräfte für andere Konzentrationslager selektiert. Die Frauen kamen nach Ravensbrück, ungefähr 1500 Männer über Buchenwald in das KZ Mittelbau-Dora. In der Nacht vom 2. auf den 3. August 1944 wurden die letzten Insassen, mehr als 4200 alte und kranke Männer und Frauen sowie Kinder, in den Gaskammern von Birkenau ermordet.

Menschenversuche Mehrere Hundert Sinti und Roma wurden Opfer von folterähnlichen medizinischen Experimenten, mit denen Ärzte in Konzentrationslagern Grundlagenforschung betrieben und für die Kriegführung und die Rassenpolitik neue Erkenntnisse gewinnen wollten. Der bereits erwähnte SS-Arzt Mengele erforschte im Auftrag des Berliner Kaiser-Wilhelm-Instituts für Anthropologie anhand von Untersuchungen über «Augenfarben» und «Spezifische Eiweißkörper» die Vererbbarkeit von «Rassemerkmalen». Seine «Versuchskaninchen» suchte er sich bei Selektionen von eintreffenden Transporten an der Rampe in Birkenau oder direkt im Lager aus, auch im «Zigeunerfamilienlager». Die Kinder, die er für seine Experimente auswählte, mussten in einer gesonderten Baracke leben. Sein bevorzugtes Feld war die Zwillingsforschung. Schon im April 1943 suchte er sich im «Zigeunerfamilienlager» siebzehn Zwillingspaare aus, insgesamt waren es 60. Bei den Experimenten waren sie stundenlangen Untersuchungen bis hin zu folterähnlichen und meist tödlich verlaufenden medizinischen Eingriffen ausgesetzt. Mengele ermordete Zwillinge auch eigenhändig mit Herzinjektionen, um ihre Augen zur wissenschaftlichen Auswertung an das Kaiser-Wilhelm-Institut zu schicken. Dem SS-Hygieneinstitut in Auschwitz wies er für Fleckfieberversuche einhundert Sinti- und Romafrauen zu.

Eine Reihe von Experimenten in den Lagern Buchenwald, Dachau und Natzweiler, für die Sinti und Roma als Opfer ausgewählt wurden, dienten dem Zweck, Impfstoffe oder Techniken zu entwickeln, die deutschen Soldaten im Kriegseinsatz das Leben retten sollten. In Buchenwald wurden Häftlinge mit Fleckfieber infiziert, auch in Natzweiler gab es Experimente mit Fleckfieberimpfstoffen, wofür 190 männliche Sinti und Roma aus Auschwitz dorthin überstellt wurden. An Sinti und Roma wurden dort außerdem Abwehrmittel gegen das Giftgas Phosgen getestet. In Dachau experimentierten Ärzte an einer Gruppe von Sinti und Roma, um eine Möglichkeit zu finden, Meerwasser trinkbar zu machen. Viele überlebten die Experimente nicht.

Große Versuchsreihen wurden vor allem in Ravensbrück und Auschwitz bevorzugt an Jüdinnen, Sintezze und Romnja durchgeführt, um preiswerte und einfache Methoden für Massensterilisationen zu entwickeln. In beiden Lagern gab es Versuche mit Röntgenstrahlen, woran viele aufgrund der hohen Dosis starben. In Auschwitz experimentierte Professor Carl Clauberg an einem weiteren Verfahren, bei dem die Unfruchtbarkeit durch eine Injektion in die Gebärmutter erreicht werden sollte. Ende 1944 verlegte er seine Versuche nach Ravensbrück. Dort waren seine Opfer vor allem Sintezze und Romnja, darunter Mädchen im Alter von unter zehn Jahren. Ihnen wurde die Flüssigkeit ohne Narkose injiziert; nach dem Röntgen wurden sie wieder in ihre Unterkunft verbracht und sich selbst überlassen. Clauberg führte außerdem operative Sterilisationen durch. Ebenfalls in Ravensbrück sterilisierte Dr. Franz Lucas eine Gruppe männlicher Sinti und Roma, die in Auschwitz selektiert worden war.

Zwangssterilisation In vielen Ländern Europas hatte es im frühen 20. Jahrhundert die Idee gegeben, durch Sterilisation von bestimmten Personengruppen bevölkerungsbiologische Eingriffe in die Gesellschaft vorzunehmen. Dabei waren auch Sinti und Roma als Zielgruppe in der Diskussion. Aber nur im nationalsozialistischen Deutschland wurde die systematische Sterilisation als eine Variante der Vernichtungspolitik betrieben. Das erste Rassengesetz des NS-Staates, das «Gesetz zur Verhütung erbkranken Nachwuchses» (GzVeN), wurde bereits am 14. Juli 1933 verabschiedet und trat am 1. Januar 1934 in Kraft. Auf seiner Grundlage wurden bis Kriegsende 400 000 Menschen als angeblich «Erbkranke» zwangsweise sterilisiert.

Unter den rassisch verfolgten Minderheiten waren Sinti und Roma weitaus stärker von Zwangssterilisationen betroffen als Juden. Eine gemessen am Bevölkerungsanteil überproportional große Gruppe von Sinti und Roma geriet schon nach dem

GzVeN aufgrund früherer, meist erzwungener Hilfsschulbesuche oder Heimaufenthalte in das Fadenkreuz der Ärzte und Erbgesundheitsgerichte. Die zwangsweise Sterilisation von «Zigeunern» wurde überdies von führenden Rassenhygienikern, allen voran Robert Ritter, als wichtigster Ansatz zur «Lösung der Zigeunerfrage» propagiert. Mit Bedacht war daher im «Auschwitz-Erlass» festgehalten worden, dass diejenigen Sinti und Roma im Reich, die nicht deportiert wurden, sterilisiert werden sollten. Dies betraf vor allem Familien, in denen ein Partner als «Zigeuner» und der andere als «Nichtzigeuner» galt. Oftmals waren die männlichen Angehörigen der betroffenen Familien noch als Soldaten in der Wehrmacht aktiv; viele waren erst spät in die Fänge von RKPA und RHF geraten. Es wird geschätzt, dass etwa 2000 Sinti und Roma gemäß «Auschwitz-Erlass» zwangsweise sterilisiert wurden.

Dimension des Völkermords Der NS-Völkermord an den Sinti und Roma war ein Verbrechen, das alle vorhergehenden Verfolgungspraktiken in bis dahin unvorstellbarer Weise übertraf. Sinti und Roma waren überall im deutschen Machtbereich so lange an Leib und Leben bedroht, bis das Deutsche Reich militärisch besiegt war und damit das Morden ein Ende hatte. Die Vernichtungsabsicht der Nationalsozialisten traf unterschiedslos Männer, Frauen und Kinder, unabhängig von ihrem individuellen Verhalten, ihrem sozialen Status und ihrer äußeren Erscheinung. Sie wurden stigmatisiert, ausgegrenzt, gefangen genommen, gequält, deportiert, verstümmelt und ermordet.

Viele Jahrzehnte stand dieser Völkermord im Schatten des Holocaust, schon allein wegen der hohen Anzahl der etwa sechs Millionen jüdischen Opfer. Doch auch nachdem erste Dokumentationen auf das Schicksal der Sinti und Roma aufmerksam machten, wurde infrage gestellt, dass es sich überhaupt um eine Verfolgung aus rassischen Gründen gehandelt hatte. Diskutiert wurde die Vergleichbarkeit mit dem Holocaust, insbesondere in Bezug auf die Motive der Vernichtung sowie die Totalität und Globalität der Verfolgung. Erst mit einer in den letzten zwanzig Jahren intensivierten, wenn auch nach wie vor lückenhaften Erforschung sowohl der lokalen und regionalen Praxis der Verfolgung als auch ihrer europäischen Dimension wurden Erkenntnisse gewonnen, die zu einer Anerkennung des Völkermordes beigetragen haben.

Nach wie vor umstritten ist die Anzahl der Opfer. Am häufigsten genannt wird die Zahl 500 000, die auf eine Schätzung aus der unmittelbaren Nachkriegszeit zurückgeht und empirisch nicht belegt ist. Viele Wissenschaftlerinnen und Wissenschaftler gehen inzwischen von mindestens 200 000 Opfern aus. Während die Schätzungen für das Deutsche Reich mit einer Todesrate von etwa 70 Prozent und für Österreich mit einer Zahl von 9500 Opfern unter den ehemals 11 000 Roma recht präzise sind, gibt es für die meisten ost- und südosteuropäischen Länder starke Schwankungen bei den Zahlenangaben. Dies ist, neben der schwierigen Quellenlage und der lückenhaften Forschung, vor allem auf den Prozess der Vernichtung selbst zurückzuführen. So wurden beispielsweise Opfer von Erschießungen zuvor nicht registriert, weder namentlich noch nach ihrer Herkunft, weshalb es oft kaum möglich ist, die unter ihnen befindlichen Roma zu identifizieren. Erst wenn alle ehemaligen Städte und Gemeinden, in denen Sinti und Roma gelebt haben, sich dafür verantwortlich zeigten, die Lebenswege ihrer damaligen Bürgerinnen und Bürger zu rekonstruieren, könnte auch die quantitative Dimension des Völkermordes aufgehellt werden.

Die Täterinnen und Täter

Ideologen, Schreibtischtäter und Mörder Wie der Völkermord an der jüdischen Bevölkerung Europas, so hat auch der an den europäischen Sinti und Roma nicht stattgefunden, weil Adolf Hitler dazu den Befehl gab und die deutsche Gesellschaft dem hätte folgen müssen. Ein Völkermord ist dadurch gekennzeichnet, dass er einen gesamtgesellschaftlichen Prozess kollektiver Gewalt gegen eine Bevölkerungsgruppe als Ganze darstellt. An den unterschiedlichen Phasen – von der affektiven, mentalen und intellektuellen Vorbereitung bis hin zur Umsetzung des Mordes – sind folglich breite Teile der Gesellschaft beteiligt. Für den NS-Völkermord an den Sinti und Roma lassen sich verschiedene Handlungsfelder mit jeweils spezifischen Graden von Verantwortung identifizieren.

Zunächst sind die ideologisch motivierten Akteure vor allem in den genuin nazistischen Organisationen, den Gliederungen von NSDAP, SA und SS, und ähnlich die faschistischen Bewegungen in den Kollaborationsregimen zu nennen. Sie wollten eine neue Gesellschaft herbeiführen, weshalb sie Sinti und Roma als eine Gefahr brandmarkten. Sie propagierten eine radikale Exklusion und waren bereit, diese mit staatlicher oder terroristischer Gewalt umzusetzen. Typisch für die Aktivitäten von NSDAP-Mitgliedern war die agitatorische Präsenz vor Ort, um Maßnahmen zum Ausschluss von «Fremdrassen» im Alltag durchzusetzen. Mit krawallartigen Aktionen oder der Anbringung von Transparenten und Schildern mit der Aufschrift «Für Juden und Zigeuner verboten» erzeugten sie Anpassungsdruck und dominierten den öffentlichen Raum. Die Mitglieder der SS wiederum verstanden sich als eine verschworene Elite, die allein dazu in der Lage war, den schwierigsten Teil der Mission, nämlich die «Ausmerzung» der Rassenfeinde, umzusetzen. Mit der Überzeugung, dass der Mord an Juden sowie Sinti und Roma unabdingbar für die eigene Zukunft sei, wurde selbst die Tötung von wehrlosen Säuglingen als gute Tat rationalisiert.

Zwei der tragenden institutionellen Säulen der Völkermorde waren die Gestapo und die Kriminalpolizei. In der Heimat waren sie das organisatorische Rückgrat, indem sie Personendaten sammelten, Akten führten, die Einhaltung der rassistischen Sondergesetze überwachten, Zuwiderhandlungen verfolgten und die Deportationen umsetzten. Auch wenn für die Verfolgung der Sinti und Roma die Polizeiverwaltung zuständig war, heißt dies nicht, dass der Zugriff auf die Minderheit keinen rassistischen Charakter gehabt hätte. Gestapo und Kriminalpolizei waren sowohl institutionell als auch personell eng vernetzt. Zudem erfolgte die Tätigkeit der Kripo im NS-Staat auf einer rassistisch-biologistischen Grundlage: Statt der Aufklärung begangener Verbrechen stand die Unschädlichmachung von angeblich «geborenen Verbrechern» im Vordergrund. Als solche wurden pauschal Sinti und Roma deklariert. Die enge Verzahnung beider Institutionen wird nicht zuletzt im Fronteinsatz deutlich. Auch Kriminalpolizisten waren in den Einsatzgruppen der Sipo und des SD aktiv und mordeten hinter den Linien der Wehrmacht. Aktiv am Mordgeschehen beteiligt waren außerdem Wehrmachtssoldaten, die Absperrungen errichteten und auch an Erschießungen mitwirkten.

Wissenschaft Wenn Ärzte in den Konzentrationslagern ihre verbrecherischen Experimente und die todbringenden Selektionen durchführten, waren sie nicht als Einzeltäter aktiv. Sie begingen ihre Taten vielmehr als Teil eines Netzwerks von Medizinern und Rassenhygienikern an Universitäten, staatlichen Institutionen und Kliniken, in denen seit 1933 ebenfalls die Doktrin von einer «Aufartung» der «Wertvollen» und einer «Ausmerze» der «Minderwertigen» Einzug gehalten hatte. Als Wissenschaftler beuteten sie die Opfer für karrierefördernde Forschungsprojekte aus, trugen zu einer Legitimation der Mordpolitik bei, entwickelten Methoden zu deren Umsetzung und waren in einem nicht geringen Umfang aktiv involviert – ob bei Sterilisationen, in «Euthanasie»-Anstalten oder Vernichtungslagern.

Robert Ritter agierte mit seiner «Rassenhygienischen Forschungsstelle» ebenfalls am Schnittpunkt von Wissenschaft und Vernichtung. Finanziert wurde die RHF unter anderem von der Deutschen Forschungsgemeinschaft und dem RKPA. Diesem lieferte Ritter Daten über «Zigeuner», auch über Sinti und Roma, die zuvor nie aktenkundig geworden waren. Ritter und seine Mitarbeiterinnen und Mitarbeiter suchten Sinti und Roma an ihren Heimatorten, aber auch in Zwangs- und Konzentrationslagern auf und verhörten und erfassten sie, teils unter Anwendung von Gewalt, mit den modernsten Methoden der Rassenhygiene. Anhand von physischen Merkmalen und Informationen über die Familienbiographien legte die RHF fest, wer als «Zigeuner», «Mischling» oder «Nichtzigeuner» zu gelten hatte. Mit den «Gutachten» als vorgeblich wissenschaftliche

Expertisen wurde der Ausgrenzungsprozess legitimiert und vorangetrieben. Ritter und seine engste Vertraute Eva Justin berieten außerdem das RKPA in Strategien der Verfolgungspolitik – die seit 1938 ergehenden Erlasse tragen zum Teil ihre Handschrift. So trug die RHF auch zur Verankerung einer aggressiven Vernichtungslogik gegenüber «Zigeunern» bei.

Verwaltung Ein Kennzeichen nationalsozialistischer Rassenpolitik ist die schrittweise Radikalisierung. Durch Vorstöße lokaler oder regionaler Behörden wurden neue Verfolgungsprozesse in Gang gesetzt, die wiederum reichsweite Regelungen stimulierten und so zu einer fortwährenden Zuspitzung der Ausgrenzung führten. Bei der Verfolgung von Sinti und Roma wurde dieser Prozess bis 1939 durch zahlreiche Initiativen von Verwaltungsbehörden beschleunigt. Dies gilt für die Errichtung der Zwangslager ebenso wie für die Rekrutierung in Zwangsarbeitsverhältnisse oder die Ausgrenzung aus der öffentlichen Daseinsfürsorge. Je weiter die Opfer an den gesellschaftlichen Rand manövriert worden waren, desto radikalere Konzepte für eine «Lösung der Zigeunerfrage» kamen in die Diskussion.

Verwaltungshandeln hatte im Verfolgungsprozess auch die Funktion, die einzelnen Maßnahmen nicht als willkürlich, sondern als rechtskonform erscheinen zu lassen und damit ihre Durchsetzungsfähigkeit zu erhöhen. Dies lässt sich etwa am Beispiel der Gesundheitsämter zeigen, die Sterilisationsverfahren umsetzten, der Standesämter, die über Eheschließungen wachten, oder der Justizverwaltungen, die in Ausführungsbestimmungen die Rassengesetzgebung ausformulierten oder Fälle von «Rassenschande» aburteilten. Die Ausplünderung der Opfer nahmen die Finanzverwaltungen vor. Bei der Durchführung der Deportationen wurde der Besitz der Betroffenen noch in deren Beisein inventarisiert, um die angeblich nur für eine «Umsiedlung» vorgesehenen Opfer in Sicherheit zu wiegen. Tatsächlich jedoch wurde alles – die bewegliche wie die unbewegliche Habe – zugunsten des Deutschen Reiches eingezogen und von den Finanzverwaltungen «verwertet».

Eine «Verfolgung durch Verwaltung» (Jens Jäger) setzt voraus, dass sich der Apparat und die ihn Tragenden mit den Maßnahmen identifizieren. Zu den problematischen Hinterlassenschaften der NS-Zeit zählt, dass dies nicht nur in einem hohen Maße der Fall war, sondern Verfolgungsmaßnahmen vielfach auch in Eigeninitiative ohne Anweisung «von oben» vorangetrieben wurden. Ähnlich wie im Reich, waren auch in den besetzten Ländern die Verwaltungen an der Umsetzung der Rassenpolitik maßgeblich beteiligt. Deutsche Beamte wurden in den eingegliederten Gebieten in Führungspositionen abgestellt, um die Verwaltungen entsprechend auszurichten. In den besetzten Gebieten sowie den Vasallenstaaten fanden sich in allen staatlichen oder neu geschaffenen Institutionen bereitwillige Helfer, die an der Exklusion und Vernichtung von Roma mitwirkten. Gerade weil es selten einheitliche Vorschriften gab und das Kriegsgeschehen mit einer Vielzahl von Entscheidungsträgern eine Brutalisierung zur Folge hatte, waren Roma einer Vielzahl von Maßnahmen ausgesetzt, die sich lokal und regional radikalisierten.

Hilfswillige und Profiteure Ohne die aktive Bereitschaft zur Mitwirkung in weiten Teilen der deutschen Bevölkerung hätte der Verfolgungsprozess kaum jene Dynamik entfalten können, die zu Entrechtung, Ausplünderung und Isolation führte und damit Deportation und Mord den Boden bereitete. Nachbarn denunzierten Sinti und Roma als «Zigeuner» und gaben sie damit dem Verfolgungsapparat preis; Lehrer betrieben aktiv die Ausschulung von Sinti- und Romakindern; Hobbyanthropologen und -genealogen leisteten Zuträgerdienste für die RHF; Heimatschriftstellerinnen idealisierten «Blut und Boden» und verteufelten «Juden» und «Zigeuner»; Reichsbahner sorgten für eine reibungslose Abwicklung der Deportationen.

Überzeugung und Opportunismus spielten dabei ebenso eine Rolle wie die Teilnahmslosigkeit gegenüber den Opfern oder die Abstumpfung angesichts des Kriegsgeschehens. Nicht zu unterschätzen sind handfeste Bereicherungs- und Karrieremotive. So wurden beispielsweise im Pferdehandel oder im Schaustellerwesen unliebsame Konkurrenten ausgeschaltet und deren Betriebe übernommen. Der Besitz der Deportierten wanderte in die Staatskasse – oder in Form von Kleidung, Hausrat und Mobiliar bis hin zu Einmachkost, Schmuck oder wertvollen Geigen gleich in die Hände der Nachbarn. Für das Burgenland ist nachgewiesen, dass sich vor allem die Gemeinden an dem nicht unerheblichen Grund- und Immobilienbesitz der Roma bereicherten, die deportiert und ermordet wurden.

Die christlichen Kirchen haben angesichts der Verfolgung der Sinti und Roma weitgehend versagt. Tausendfach stellten Pfarreien Urkunden aus den Kirchenbüchern zur Verfügung, anhand derer die NS-Rassenforscher die Familienzusammenhänge ermittelten und so immer neue Opfer fanden. Angesichts der Verschleppungen legte kein Kirchenvertreter ein Wort für die Glaubensbrüder ein. Als die Deportationen nach Auschwitz begannen, bemühte sich der Sinto Oskar Rose mehrfach, die katholische Kirche zu einem Einsatz für die überwiegend katholischen deutschen Sinti und Roma zu bewegen. Doch weder seine schriftlichen Eingaben noch seine Bitte um ein persönliches Gespräch mit dem Münchner Erzbischof Kardinal Michael von Faulhaber stießen auf Resonanz. Faulhaber stenographierte am 5. April 1943 in seinem Tagebuch: «Bei Sekretär ein Zigeuner (...), katholisch – Die 14 000 Zigeuner im Reichsgebiet sollen in ein Lager gesammelt und sterilisiert werden, die Kirche soll einschreiten. Will durchaus zu mir. – Nein, kann keine Hilfe in Aussicht stellen.» (Zit. nach Leugers)

Ebenso wie im Reich war das NS-Regime in den besetzten Ländern auf die Kollaboration oder zumindest eine Kooperation von Teilen der Bevölkerung angewiesen. Dies galt vor allem bei der Identifizierung von Roma, die für die Besatzer anhand des Augenscheins oder der Legitimationspapiere allein nicht zu erkennen waren. Wo die Bereitschaft dazu vorhanden war, wurden Roma deportiert und ermordet.

Die Opfer

Strategien der Selbstbehauptung Obwohl die deutschen Sinti und Roma über eine Vielzahl von Diskriminierungserfahrungen verfügten, traf sie die nationalsozialistische Gewalt unvorbereitet. Sie waren Deutsche und fühlten sich als Deutsche, viele hatten im Ersten Weltkrieg als Soldaten gekämpft. Auch wenn seit 1933 rassistische Schikanen im Alltag präsenter wurden, lag es jenseits aller Vorstellungskraft, dass sie als Deutsche von Deutschen ermordet werden sollten. Mit Eingaben bei Ämtern, auch unter Einschaltung von Rechtsanwälten, versuchten einige, die Einschränkung ihrer Rechte zu verhindern. Da gegen die rassistische Einstufung durch die RHF keine Rechtsmittel eingelegt werden konnten, reisten manche nach Berlin, um dort persönlich vorzusprechen, bis dies generell untersagt wurde.

Weil die verlässlichste Struktur, auf die Sinti und Roma in der Verfolgungssituation zurückgreifen konnten, der familiäre Zusammenhalt war, wurde dieser mit aller Kraft verteidigt. Mit Eingaben bis hin zu Adolf Hitler wurde versucht, die im Jahr 1938 in KZ verschleppten Angehörigen wieder freizubekommen. Auch als 1940 durch Deportation viele Familien getrennt worden waren, reisten etwa 400 Sinti und Roma ihren Angehörigen nach, auch wenn KZ-Haft drohte und die Situation im besetzten Polen ungewiss war. Die gegenseitige Sorge und Achtsamkeit innerhalb der Familie, aber auch der enge Gruppenzusammenhalt in Gefangenschaft, so etwa bei der großen Gruppe der im KZ Mittelbau-Dora 1944/45 inhaftierten Sinti und Roma, hat zumindest in einigen Fällen die Überlebenschancen erhöht.

Eine weitere Strategie bestand darin, sich der immer engmaschiger werdenden Erfassung durch Flucht zu entziehen. Manche versuchten auch nach der «Festsetzung» im Oktober 1939 und trotz des hohen Risikos, entdeckt zu werden, in andere Städte zu fliehen, um bei Verwandten Unterschlupf zu finden. Eine Emigration ins Ausland war – wie auch für Juden – sehr schwierig, denn die dafür notwendigen Einreisegenehmigungen waren besonders seit Kriegsbeginn kaum zu erhalten. Etliche

Emigrationsbemühungen scheiterten beispielsweise an der Grenze zur Schweiz, die generell keine «Zigeuner» einreisen ließ. Von einer fünfzehnköpfigen Familie ist bekannt, dass ihr 1940 aus dem Rheinland die Flucht über Bulgarien und Rumänien bis nach Istanbul gelang, sie von dort aber, nicht ohne Zutun des Auswärtigen Amtes, nach Serbien abgeschoben und schließlich nach Auschwitz deportiert wurde. Überhaupt gerieten viele der Familien, denen noch vor 1939 die Emigration aus dem Reich in eines der Nachbarländer gelungen war, mit der deutschen Besetzung erneut in die Hände der Nationalsozialisten. Doch auch unter deutscher Besatzung gab es zahlreiche und zum Teil erfolgreiche Fluchtversuche. Aus den Niederlanden konnten einige Sinti und Roma mithilfe guatemaltekischer, italienischer und schweizerischer Pässe entkommen. Viele französische Sinti und Roma flüchteten zunächst in das unbesetzte Frankreich und emigrierten von dort nach Spanien, Großbritannien oder Nordafrika. Eine weitere, ebenfalls riskante Strategie war ein Leben in der Illegalität; ganze Familien nahmen überall in Europa die Unwägbarkeiten und Strapazen eines illegalen Lebens auf sich, um der Vernichtung zu entgehen. Manchen gelang es, auf diese Weise zu überleben, etwa in Großstädten wie Brüssel oder Berlin, in Wäldern in Böhmen oder bei Lublin, in entlegenen Bergregionen in Bosnien oder der Slowakei.

Auch aus Ghettos und Lagern flohen Sinti und Roma, meist jedoch ohne Erfolg. Allein mehr als vierzig Sinti und Roma, ausschließlich männliche Jugendliche und Erwachsene, unternahmen Fluchtversuche aus Auschwitz-Birkenau. Bis auf drei von ihnen wurden alle wieder ergriffen und zur Abschreckung im Lager erschossen. In mehreren Berichten ist überliefert, dass Sinti und Roma sich selbst im Angesicht des Todes zur Wehr setzten. Einer dieser Berichte stammt von Tadeusz Joachimowski, einem polnischen politischen Häftling, der in Auschwitz seit März 1943 in der «Häftlingsschreibstube» des «Zigeunerlagers» eingesetzt war. Danach sollten am 16. Mai 1944 alle Insassen des Lagers in den Gaskammern ermordet werden. Da diese Information von einem SS-Mann weitergegeben worden sei, hätten sich die Opfer vorbereiten können. Als das Lager umstellt wurde, sollen sich die mit Messern, Steinen und Spaten notdürftig bewaffneten Menschen geweigert haben, die Baracken zu verlassen. Daraufhin sei die beabsichtigte Tötung verschoben worden, um zuvor eine Selektion der Widerstandsfähigsten in andere Lager durchzuführen.

Hilfe durch Gadje Die NS-Verfolger erreichten nur dann ihr Ziel, wenn sie Sinti oder Roma unter der einheimischen Bevölkerung identifizieren konnten und die lokalen Autoritäten die rassistische Verfolgung unterstützten. Vor Ort gab es daher durchaus einen Handlungsspielraum, und dies konnte dazu führen, dass eine Auslieferung der Betroffenen nicht stattfand. Für das Reich sind nur wenige Fälle dokumentiert, in denen Sinti und Roma, die bereits erfasst waren, dank der Protektion eines Gadje der Deportation nach Auschwitz entgingen. So verweigerte der Bürgermeister eines kleinen Ortes im oberbergischen Rheinland die Deportation mehrerer Familien mit der Begründung, sie würden für die Rüstungsproduktion benötigt; in einem Dorf an der Mosel verschleppte ein Sachbearbeiter mit immer neuen Begründungen ebenfalls die Übergabe einer Familie – bis zu deren Befreiung.

In den besetzten Ländern, wo die deutsche Verwaltung keinen Einblick in die Bevölkerungsstruktur hatte, konnten sehr viel mehr Roma gerettet werden. So überlebten muslimische Roma auf der Krim, wenn sie von den ebenfalls muslimischen Krimtartaren protegiert wurden. Ähnliches gilt für einige Roma in den besetzten Teilstaaten Jugoslawiens, sofern sich muslimische Würdenträger für sie einsetzten, weil das Deutsche Reich kein Interesse an politischen Konflikten mit islamischen Staaten, etwa der Türkei, hatte. Ein anderes Beispiel findet sich in Mazedonien, das mit deutscher Duldung bulgarisch verwaltet wurde: Viele Roma gaben sich hier bei einer Registrierung als «Türken» oder «Albaner» aus und blieben unbehelligt, solange die Nachbarschaft dies mittrug. Im kroatischen Vrpolje erreichten die Bewohner sogar die Freilassung von zehn Familien, die bereits für eine Deportation nach Jasenovac vorgesehen waren.

Widerstand und Partisanenkampf In den Ländern, die vom Deutschen Reich seit 1939 militärisch angegriffen wurden, waren Roma und Sinti als Angehörige einer feindlichen Nation und als rassische Minderheit doppelt gefährdet. Als Soldaten kämpften viele Roma in den Ländern, die eine reguläre Armee im Kampfeinsatz hatten, für die Beendigung der NS-Herrschaft in Europa. So waren Tausende Roma in Großbritannien in der Armee oder der Zivilverteidigung aktiv. Auch in der Roten Armee kämpften viele Roma und errangen zahlreiche militärische Auszeichnungen. Mehr als 2000 Roma sind namentlich identifiziert, die als Soldaten der Roten Armee ihr Leben ließen.

Wenig bekannt ist, dass Roma und Sinti sich auch in bemerkenswerter Anzahl an den nationalen Widerstandsbewegungen und Untergrundorganisationen beteiligten, etwa in Belgien, Frankreich und Italien, vor allem aber in den besetzten Gebieten der Sowjetunion, in Polen, Bulgarien, der Slowakei und Jugoslawien. In Frankreich arbeiteten mehrere Romagruppen mit der Résistance und dem britischen Geheimdienst zusammen. Sie beschafften Lebensmittel, Medikamente und Waffen für Partisanen oder arbeiteten als Kuriere für Informationen und Untergrundliteratur. Über Jahre betrieben sie ein erfolgreiches Fluchthilfenetz, mit dem sie NS-Verfolgte, abgeschossene britische Piloten oder entflohene amerikanische Kriegsgefangene außer Landes brachten. Andere Roma führten Kampfeinheiten der Résistance an oder verübten Sabotage gegen deutsche Stützpunkte.

Nirgendwo war der aktive Widerstand so groß wie in Jugoslawien, wo sich viele Roma angesichts der Brutalität der deutschen Besatzer und der kroatischen Ustascha der Nationalen Befreiungsfront unter Marschall Josip Broz Tito anschlossen. Allein aus dem serbischen Niš sollen es mehr als 250 Roma gewesen sein, von denen etwa die Hälfte im Kampf ihr Leben ließ. Es soll sogar während des Krieges in Großbritannien erwogen worden sein, Romanes für die Kommunikation mit Widerstandsgruppen in Jugoslawien und Südosteuropa einzusetzen.

Bürde des Überlebens Am 8. Mai 1945 kapitulierte das Deutsche Reich, und damit waren auch Sinti und Roma befreit. Die Verfolgung war beendet, doch nicht das dadurch verursachte Leid. Theresia Mettbach, die 1940 als Siebenjährige aus Köln deportiert worden war, berichtete 2001 in einem Interview: «Ich habe heute noch Albträume, dann stehe ich auf und bin total nass geschwitzt. Ich sehe immer wieder, wie sie uns da aus dem Waggon raus getrieben und in das Ghetto gesteckt haben, hinter uns ging das Tor zu, und dann nichts zu essen, Schläge und Hunger und Angst und Demütigung. Wir waren keine Menschen mehr, wir waren für die ein Stück Dreck. Die haben uns da ja rein getan, um uns zu vernichten. Und sie haben nicht gedacht, dass überhaupt irgendwelche von uns wieder lebend zurückkommen.» (Mettbach, S. 80 f.)

Wie Frau Mettbach blieben die Überlebenden zeitlebens von der NS-Verfolgung schwer gezeichnet, erlitten schwere Traumata mit gravierenden psychischen und physischen Folgen und konnten kein «normales» Leben mehr führen.

Für Sinti und Roma hatte die Verfolgung weitere Dimensionen, die es für andere Gruppen in dieser Form nicht gab. Bei keiner anderen Verfolgtengruppe wurden so viele Kinder und Jugendliche zu Opfern; Eltern sahen ihre Kinder sterben, Kinder ihre Eltern und Geschwister. Keine Familie, die in die Fänge der Nationalsozialisten geriet, hat vollständig oder unbeschädigt überlebt. Wenn Angehörige nicht im Lager zu Tode gebracht worden waren, so waren sie – dies gilt vor allem für die Sinti und Roma im Deutschen Reich – oft der Verstümmelung durch Zwangssterilisation ausgesetzt gewesen. Weil der Stellenwert der Familie aufgrund der historischen Erfahrung als Garant für ein Überleben bei Sinti und Roma besonders hoch ist, traf dies die Angehörigen der Minderheit ganz existentiell. Hinzu kommt, dass die Verfolgungspraktiken gezielt und unmittelbar soziale Werte und Normen der Minderheit dauerhaft beschädigten oder gänzlich zerstörten. Dies geschah etwa durch erzwungene Hilfsdienste als «Zigeunersprecher» bei der Selektion nach Auschwitz oder als «Kapos» in Lagern; durch den Verstoß gegen das Schamgefühl, indem Frauen und Männer gezwungen wurden, sich voreinander auszuziehen; durch die Zerstörung der Autorität der Älteren, indem sie von SS-Leuten und anderen gedemütigt wurden.

Die nachfolgenden Generationen sind mit den Traumata ihrer Eltern und Großeltern aufgewachsen und davon bis heute vielfach betroffen. Wie bei jüdischen Überlebenden auch, begann erst in den 1980er-Jahren, angestoßen durch die Diskussionen um die Fernsehserie «Holocaust», innerhalb der Familien eine intensivere Auseinandersetzung mit dem konkreten Verfolgungsgeschehen in der NS-Zeit.

Ob und wie die Bearbeitung traumatischer Erlebnisse gelingen kann, ist von mehreren Faktoren abhängig. Ganz entscheidend für die Überlebenden eines Genozids ist dabei, ob die Gesellschaft, aus der heraus die Verbrechen begangen wurden, ihre Schuld und Verantwortung anerkennt. Diese Anerkennung, ob durch Ahndung individueller Schuld oder durch symbolische staatliche Politik, blieb den meisten Überlebenden zu Lebzeiten versagt.

4. Europäische Perspektiven

Lebenssituation seit 1945

Last der Vergangenheit Die Jahre 1933 bis 1945 haben in allen Ländern, in denen Sinti und Roma verfolgt wurden, dauerhafte und bis heute nachwirkende Spuren hinterlassen. Das negative Bild von «Zigeunern» blieb rassistisch aufgeladen, die sozialen Strukturen von Angehörigen der Minderheit waren ebenso zerstört wie die ökonomischen Grundlagen der Familien, und in den meisten Ländern blieb die Segregation erhalten, indem frühere Praktiken beibehalten wurden oder wieder an sie angeknüpft wurde. Für die Überlebenden, die in ihre Heimatorte zurückkehrten, gab es kein Willkommen. Im Gegenteil: Oftmals wurde die Rückgabe des enteigneten Besitzes verweigert und eine Niederlassung am früheren Wohnort verwehrt. So standen die überlebenden Sinti und Roma buchstäblich vor dem Nichts.

Da es weder eine internationale Öffentlichkeit gab, die sich für diese Opfergruppe einsetzte, noch eine Selbstorganisation, welche die Interessen wirkungsvoll vertreten konnte, waren Sinti und Roma weitgehend auf die eigene, freilich schwer beschädigte kleine Gruppe der Überlebenden angewiesen, um eine neue Perspektive zu begründen.

Zwar befürworteten die Alliierten, die Sinti und Roma als Opfer des NS-Regimes ansahen, unmittelbar nach dem Krieg im besetzten Deutschland eine materielle Versorgung und sprachen sich gegen Sondergesetze für diese Minderheit aus, doch auf lokaler und regionaler Ebene wurde eine respektvolle und gleichberechtigte Behandlung der Überlebenden unterlaufen. Nicht selten waren es die gleichen Verwaltungsbeamten und Kriminalpolizisten, die bereits vor 1945 die Verfolgung organisiert hatten, die nun alles daransetzten, ihre Gemeinde weiterhin «zigeunerfrei» zu halten. So schrieb ein Bürgermeister aus der Pfalz, der 1940 mit geschultertem Gewehr an der Deportation der ansässigen Sinti beteiligt war, angesichts der zurückgekehrten Überlebenden im Januar 1952 an den Landrat: «Ich bin strikt dagegen, dass die Zigeuner wieder in Dorfesnähe angesiedelt werden (...). Die Bürger meiner Gemeinde müssen hart um ihr tägliches Brot kämpfen und die Zigeuner wollen sich auf Kosten anderer ernähren; da muss man wahrhaft alle Humanität ausschalten.» (Zit. nach Rose 1987, S. 79) Diese Äußerung war kein Einzelfall. In fast allen Städten und Gemeinden wurde ohne einen Hauch von Schuldbewusstsein, aber mit enormer Aggressivität gegenüber den Überlebenden die ganze Bandbreite antiziganistischer Stereotype öffentlich vorgebracht. Da es aufgrund der sanktionsbewehrten Ächtung von Antisemitismus nicht opportun war, Juden anzugreifen, entlud sich die Abwehr der niederdrückenden Schuld eines millionenfachen Mordes an den Sinti und Roma.

Nur sehr wenigen Familien gelang es, sich wieder in ihren früheren Wohnhäusern mit ihrem früheren Gewerbe zu etablieren. In der Regel wurden «Zigeuner» in der Bundesrepublik in den 1950er-Jahren an den Rand der Städte gedrängt, abgeschoben in Elendsquartiere mit notdürftigen Behausungen. Die Lebenssituation vieler deutscher Sinti war damit insgesamt sogar schlechter als vor 1933. In den 1960er-Jahren wurden sie als «Randgruppe» von Sozialarbeit und Kirchen wahrgenommen und mit Schul- oder Wohnungsprojekten bedacht, die aufgrund fehlender gesellschaftlicher Inklusionsbereitschaft selten zu einer Statusverbesserung, sondern oftmals zu einer Verfestigung sozialer und ökonomischer Marginalisierung führten. Erst mit dem Erstarken der Bürgerrechtsbewegung und einem wachsenden Selbstbewusstsein von Sinti begann ein allmählicher und bis heute nicht abgeschlossener Auszug aus den ghettoähnlichen Verhältnissen.

NS-Prozesse Die meisten der an Sinti und Roma begangenen Verbrechen blieben ungesühnt. In dem «Prozess gegen die Hauptkriegsverbrecher» vor dem Internationalen Militärgerichtshof in Nürnberg und in den ebenfalls in Nürnberg durchgeführten Nachfolgeprozessen der Amerikaner spielte die Verfolgung von Sinti und Roma bei der Urteilsfindung kaum eine Rolle. Eine verheerende Signalwirkung hatte die Tatsache, dass zwar Gestapo und SS als verbrecherische Organisationen eingestuft wurden, nicht aber die ebenfalls dem Reichssicherheitshauptamt eingegliederte Kriminalpolizei. Wenn NS-Täter, die auch an Verbrechen an Sinti und Roma beteiligt gewesen waren, verurteilt wurden, dann meist wegen anderer Tatkomplexe, etwa der Beteiligung am Holocaust. Im Zuge von Prozessen, die die seit 1958 tätige Zentrale Stelle der Landesjustizverwaltungen in Ludwigsburg gegen Täter in Konzentrations- und Vernichtungslagern oder in Einsatzgruppen angestoßen hatte, wurden immer wieder auch die an Sinti und Roma begangenen Verbrechen, etwa in Kulmhof oder Treblinka, thematisiert. Ins Bewusstsein der deutschen Öffentlichkeit drangen sie allerdings nicht.

In den frühen Nachkriegsjahren, noch unter Einfluss der Alliierten, kam es in einzelnen Fällen zu milden Verurteilungen. Doch fast alle Anzeigen von Überlebenden verliefen ergebnislos. Meist wurden die Ermittlungsverfahren nur halbherzig betrieben und endeten mit einer Einstellung. Gegen Robert Ritter, seit 1947 als Leiter der «Ärztlichen Jugendhilfsstelle» bei der Stadt Frankfurt am Main tätig, wurde 1948 ein Ermittlungsverfahren eröffnet, aber 1950 ohne Anklageerhebung eingestellt. Ritter gelang es, sich selbst als einen Akademiker darzustellen, der von den Verfolgungsmaßnahmen nichts gewusst habe. Die Glaubwürdigkeit der zahlreichen Überlebenden, die als Zeugen auftraten, untergrub er, indem er sie als «Kriminelle» oder «Asoziale» denunzierte. Ein ebenfalls von Überlebenden angestoßenes Ermittlungsverfahren gegen Eva Justin wurde 1958 eröffnet und bereits 1960 wieder eingestellt. Beide starben, ohne jemals für ihre Beteiligung am Völkermord zur Verantwortung gezogen worden zu sein.

Ein Prozess, der einen hohen Symbol- und Aufklärungswert hätte haben können, kam nie zustande. Die Frankfurter Staatsanwaltschaft, wo seit 1956 der engagierte Hessische Generalstaatsanwalt Fritz Bauer wirkte, hatte den Anspruch formuliert, «die nationalsozialistischen Vernichtungsmaßnahmen gegen Zigeuner» umfassend aufklären zu wollen. Die Ermittlungen wurden von ihrer Bedeutung her mit dem zu dieser Zeit in Vorbereitung befindlichen «Auschwitz-Prozess» verglichen. Sie wurden auf 46 weitere an der NS-Zigeunerverfolgung beteiligte ehemalige Angehörige der Rassenhygienischen Forschungsstelle und des Reichskriminalpolizeiamtes sowie des für die Zwangssterilisationen verantwortlichen «Reichsausschusses zur Erfassung erb- und anlagebedingter Leiden» ausgedehnt. Nachdem das Verfahren gegen Eva Justin eingestellt worden war, wurde der Gesamtkomplex 1961 an die Kölner Staatsanwaltschaft abgegeben. Wegen des Todes von Beschuldigten erledigte sich das Verfahren in zehn Fällen, weitere 23 Beschuldigte wurden wegen Verjährung nicht weiter verfolgt, und am 20. April 1963 stellte die Staatsanwaltschaft das Verfahren gegen die übrigen zwölf Beschuldigten mangels Tatverdachts ein. Übrig blieb eine Anklage gegen den damaligen Leiter der Bonner Kriminalpolizei wegen Freiheitsberaubung im Amt mit Todesfolge. Auch dieses Verfahren endete ohne eine Verurteilung mit dem Tod des Beschuldigten am 28. Oktober 1971.

Erst in den 1980er-Jahren machte sich im Justizapparat ein Einstellungswandel bemerkbar. Ausgehend von einer Anzeige des Zentralrats Deutscher Sinti und Roma erhob das Landgericht Siegen 1987 gegen Ernst August König, ehemals SS-Rottenführer im «Zigeunerlager» in Auschwitz-Birkenau, Anklage wegen Mordes und Beteiligung an Massentötungen. Der Prozess zeichnete sich dadurch aus, dass umfangreiche Befragungen von Überlebenden erfolgten, deren Zeugnisse nicht als unglaubwürdig abqualifiziert wurden, und dass das Gericht mit einem Ortstermin am Tatort ein ernsthaftes Aufklärungsinteresse signalisierte. Dem Angeklagten konnten drei Morde nachgewiesen werden, und er wurde 1991 zu lebenslanger Haft verurteilt, beging aber Selbstmord, noch bevor das Urteil rechtskräftig werden konnte.

Diskriminierende Praktiken Unter Diskriminierung hatten Roma in unterschiedlichen Graden überall im Nachkriegseuropa zu leiden. In Frankreich etwa wurde die Zwangsinternierung für «Nomades» erst mehr als ein Jahr nach der Befreiung, am 10. Mai 1946, aufgehoben. Die Manouches unterlagen bis 1969 weiter einem 1912 erlassenen Gesetz, das Erfassung und engmaschige Polizeikontrollen zur Folge hatte. Die Schweiz erhielt ihre Abschottungspolitik gegenüber Roma weiter aufrecht und betrieb gegenüber den einheimischen Fahrenden – Jenischen, die nicht der Gruppe der Roma angehören – bis in die 1970er-Jahre eine skandalöse Praxis der Kindeswegnahme. In Schweden waren einheimische Roma von 1935 bis 1975 von Sterilisationen bedroht und rund 1800 von ihnen betroffen.

Nirgendwo aber war die Kontinuität von Stigmatisierung, Erfassung und Kriminalisierung der Minderheit als ganzer Gruppe so erschreckend hoch wie in dem Land, das den Völkermord an Sinti und Roma vorangetrieben und umgesetzt hatte. In Westdeutschland dominierten weiterhin die ehemaligen Akteure der NS-Zigeunerpolitik den Diskurs. Sie vertraten im Konsens mit der Mehrheitsbevölkerung erfolgreich die These, dass Sinti und Roma nicht aus rassischen Gründen, sondern als «Kriminelle» und damit zu Recht in Konzentrationslager verschleppt worden seien. Sie etablierten ein gegenseitiges Entlastungskartell und behielten das Monopol über die NS-Akten, womit sie in den meisten Fällen eine juristische Ahndung der Verbrechen vereiteln konnten. Es fiel den Kriminalbeamten und Rassenhygienikern – ganz im Gegensatz zu den Überlebenden – nicht schwer, sich beruflich wieder zu etablieren. Nach einer kurzen Schamfrist begann abermals die Sondererfassung der Minderheit, verbunden mit schikanösen Kontrollen und begleitet von publizistischen Hetzkampagnen. Federführend war erneut Bayern, wohin etliche der leitenden NS-Kriminalisten gegangen waren und von wo aus sie ab 1953 als «Bayerische Landfahrerzentrale» eine Totalerfassung der Sinti und Roma betrieben.

Indem die Überlebenden von den Tätern als «Kriminelle» diffamiert wurden, wurde der Gruppe insgesamt jahrzehntelang eine Anerkennung als NS-Opfer versagt und den Einzelnen eine Entschädigung erheblich erschwert, wenn nicht gar unmöglich gemacht. Die Justizbeamten, von denen drei Viertel bereits vor 1945 im Dienst gewesen waren, teilten die Perspektive der NS-Kriminalisten. 1956 entschied der Bundesgerichtshof (BGH), die Deportation von 1940 sei keine NS-Gewaltmaßnahme gewesen. Erst seit den Auschwitz-Deportationen vom März 1943 könne von einer «rassischen Verfolgung» gesprochen werden. 1963 korrigierte der BGH diese Rechtsprechung und stellte fest, dass zumindest seit 1938 «auch rassenpolitische Beweggründe» mit ursächlich für die Verfolgung gewesen seien. Für die meisten Überlebenden kam diese Entscheidung zu spät. Viele waren bereits verstorben, für die übrigen blieb sie meist folgenlos, weil Antragsfristen verstrichen waren, sie sich den erniedrigenden Begutachtungsverfahren nicht aussetzen wollten, ohnehin als unglaubwürdig abgetan wurden oder eine Verschleppung aus «rassischen Gründen» in den Augen des Gerichts nicht nachweisen konnten. Überdies galten viele Verfolgungstatbestände nicht als entschädigungswürdig (etwa die Haft in einem kommunalen Zwangslager), fehlten Nachweise über das Vermögen, das mit der Deportation beschlagnahmt worden war, wurden Nachteile im beruflichen Fortkommen nicht gewürdigt, glaubte man, dass Sinti und Roma keinen Ausbildungsschaden erlitten hätten, weil sie ohnehin nie zur Schule gegangen wären. Auch die Zwangssterilisation galt als nicht entschädigungswürdig, weil sie angeblich die Arbeitsfähigkeit nicht beeinträchtigte. Erst am 12. März 2015 distanzierte sich die Präsidentin des Bundesgerichtshofs Bettina Limperg von der «unvertretbaren Rechtsprechung» des BGH. Der offiziellen Entschuldigung folgte im Februar 2016 ein gemeinsam mit dem Zentralrat Deutscher Sinti und Roma durchgeführtes Symposium in Karlsruhe.

Die «Landfahrerzentrale» war außerdem ein bestimmender Akteur beim grundgesetzwidrigen Entzug der deutschen Staatsangehörigkeit, von dem ein hoher Prozentsatz der deutschen Sinti und Roma in den 1950er-Jahren betroffen war. Vor diesem Hintergrund ist es nicht verwunderlich, dass viele Sinti und Roma die Zeit nach 1945 als eine «zweite Verfolgung» empfanden.

Hinter dem «Eisernen Vorhang» Die große Mehrheit der Roma Europas lebte seit 1945 in Staaten, die bald dem von der Sowjetunion dominierten Warschauer Pakt angehörten: Bulgarien und Rumänien, die Tschechoslowakei und Ungarn, Polen und Albanien (bis 1968). In der Deutschen Demokratischen Republik lebten nur wenige Hundert Sinti, von denen viele nach und nach in die Bundesrepublik übersiedelten.

In vielen dieser Länder gab es restriktive «Wanderverbote», doch die Ausrichtung der «Zigeunerpolitik» war durchaus unterschiedlich. Die Sowjetunion hielt an ihrem Modell der Schaffung eines «Sowjetvolkes» aus verschiedenen Nationalitäten fest und betrieb insofern keine diskriminierende «Zigeunerpolitik», ähnlich wie Polen und Albanien. Die meisten anderen Staaten verfolgten eine «ethno-nationale» Politik, die auf der Vorstellung von einer dominierenden Staatsnation (in der Tschechoslowakei zwei) beruhte, neben der es Minderheiten gibt. Roma erhielten aber nirgendwo einen eigenen Minderheitenstatus mit spezifischen Rechten, etwa zur Pflege des Romanes, sondern waren einer assimilatorischen Politik ausgesetzt. Dabei wurden Roma-Siedlungen wie in Ungarn und Rumänien aufgelöst, Roma im Zuge einer «nationalen Wiedergeburt» zur Annahme «bulgarischer» Namen gezwungen oder überproportional viele Romnja in der Tschechoslowakei sterilisiert. Es gab aber auch positive Entwicklungen. So stieg die Alphabetisierungsrate von Roma in Bulgarien seit dem Ende der 1940er-Jahre von weniger als fünf auf über 90 Prozent, wobei einschränkend angemerkt werden muss, dass die Schulbildung darauf ausgerichtet war, Roma zu gering qualifizierten Arbeitskräften auszubilden.

Staatlich angeordnete Maßnahmen schufen nicht selten neue Probleme und vertieften die Kluft zwischen Mehrheitsbevölkerung und Roma. Ein Beispiel dafür ist die Tschechoslowakei. Während die tschechischen Roma fast vollständig ermordet worden waren, waren von den etwa 80 000 slowakischen Roma dank der Befreiung durch die Rote Armee «nur» etwa 1000 zu Tode gekommen. Vor 1939 hatten Roma, auch wenn sie meist in eigenen Siedlungen in Randlagen lebten, als Musiker, Schmiede, Hersteller von Lehmziegeln, Korb-, Seil- und Bürstenmacher oder Landarbeiter einen akzeptierten Teil der Bevölkerung gestellt. Nach 1945 konnte die unter der Hlinka-Partei betriebene Segregation nicht überwunden werden. Roma-Quartiere sollten durch Umsiedlungen aufgelöst und Arbeitskräfte in die industriellen Zentren gelenkt werden. Wo diese Maßnahmen umgesetzt wurden, führten sie zu einer Entwurzelung von Roma und Abwehrreaktionen aus der tschechischen Mehrheitsbevölkerung, womit der Grundstein für bis heute andauernde Konflikte gelegt wurde.

Auch in der blockfreien Sozialistischen Föderativen Republik Jugoslawien waren die Lebensbedingungen für Roma schwierig. Obwohl viele von ihnen als Partisanen gekämpft hatten und Roma als Opfer der NS-Besatzung und des Ustascha-Regimes anerkannt wurden, blieb ihnen auch in Jugoslawien lange eine Anerkennung als Minderheit mit einklagbaren Rechten versagt. Vielen Familien war während des Krieges die Lebensgrundlage genommen worden: Sie fanden ihre Häuser geplündert oder von anderen bewohnt vor, Werkzeug war gestohlen und Betriebe waren zerstört worden. Weil viele aus der älteren Generation ermordet worden waren, fehlte deren Wissen, um eine neue ökonomische Grundlage zu schaffen. Darüber hinaus ließ die Entwicklung des Landes zu mehr industrieller Produktion den Bedarf an den klassischen Handwerks- und Handelstätigkeiten der Roma sinken. Als von 1965 bis 1970 Jugoslawien Abkommen mit verschiedenen Ländern über die Anwerbung von Arbeitskräften schloss, gingen auch Tausende Roma, die unter einer zunehmenden Diskriminierung zu leiden hatten, als «Gastarbeiter» nach Deutschland – so wie die Hälfte aller jugoslawischen Arbeitsmigranten –, in andere europäische Staaten sowie nach Australien.

Die heutige Marginalisierung von Roma in den osteuropäischen Staaten geht in vielen Aspekten auf die Politik der Nachkriegsjahrzehnte zurück. Doch es wäre falsch, Roma in sozialistischen Ländern nur als benachteiligte Gruppe zu beschreiben. Tatsächlich profitierte ein Großteil der Roma von einem guten Zugang zu Bildung und Arbeitsplätzen, so dass Roma in allen Berufsfeldern vertreten waren und sich eine gut situierte Schicht von Roma-Intellektuellen herausbilden konnte.

Bürgerrechtsbewegungen

Nationale und internationale Initiativen bis 1990 Seit dem Ende des 19. Jahrhunderts gab es in Rumänien, Bulgarien und Polen Versuche von Roma, Interessenverbände zu gründen, um politische Forderungen durchzusetzen. Doch bis auf die kurze Zeit einer nationalen Roma-Bewegung in der Sowjetunion gelang keine Institutionalisierung von längerer Dauer. Erst nach 1945 entstanden erneut regionale oder nationale Zusammenschlüsse, die schließlich auch zu einer internationalen Vernetzung führten. Besonderen Anteil an dieser Entwicklung hatten Roma aus Osteuropa. Ionel Rotaru, geboren in der Ukraine und aus Rumänien nach Frankreich emigriert, gründete 1960 in Paris die «Communauté Mondiale Gitane» («Weltgemeinschaft der Zigeuner»), aus der das «Comité International Tsigane» hervorging. Grattan Puxon, ein Gadje, kämpfte seit 1960 für die Rechte von Roma und Travellers in Irland und war Mitbegründer des britischen «Gypsy Council». Weitere wichtige Akteure waren Jan Cibula, ein Arzt und Musiker, der 1968 aus der Tschechoslowakei in die Schweiz migriert war, sowie die Jugoslawen Slobodan Beberski, Šaip Jusuf, Sait Balić und Rajko Djuric, die – auch dank der Förderung durch ihr Heimatland – als Generalsekretäre oder Präsidenten die Arbeit der frühen «International Romani Union» maßgeblich prägten.

Inspiriert waren die Akteure von den Bürgerrechtsbewegungen und der antikolonialen Bewegung der 1960er-Jahre. Vom 8. bis zum 12. April 1971 trafen sich Delegierte aus vierzehn Staaten in der Nähe von London zum ersten Welt-Roma-Kongress. Um eine bessere Teilhabe an der Gesellschaft zu erreichen und zugleich dem Verschwinden der Roma-Kultur durch Assimilation entgegenzuwirken, sollten sich Roma als eine grenzüberschreitende Nation mit eigener Geschichte und Kultur präsentieren und zu einer schlagkräftigen internationalen Bewegung verbinden. Dazu diente die Vereinbarung über zentrale Identifikationselemente: die Einführung des Liedes «Djelem, Djelem» in der Version des jugoslawischen Überlebenden Žarko Jovanović; die Festlegung des 8. April als Internationalen Tag der Roma; und die Verwendung einer Flagge – diese zeigt eine horizontal geteilte Fläche, oben blau, unten grün, mit einem roten Wagenrad, das dem indischen Sonnenrad («Chakra») entlehnt wurde und als Reminiszenz an die indische Herkunft verstanden wird. Da dieses Rad aber auch als Symbol für Wanderschaft stehen und damit das Stereotyp der Heimatlosigkeit bedienen kann, ist die Flagge nicht unumstritten. Auch der Beschluss, fortan statt der bisherigen Fremdbezeichnungen den Begriff Roma als Sammelbegriff für alle Teilgruppen einzuführen, wurde in London gefasst. Mit dem Slogan «Opre Roma» – Steht auf, Roma! – gab sich die Bewegung ein bewusst kämpferisches Motto. In zahlreichen Ländern wurde dieser Impuls aufgegriffen, und neue Roma-Verbände entstanden, besonders in Jugoslawien, wo Staatspräsident Tito aus innen- und außenpolitischen Gründen die Roma-Bewegung in seinem letzten Lebensjahrzehnt förderte.

1977 wurde der Dachverband «International Romani Union» (IRU) unter dem ersten Präsidenten Jan Cibula gegründet. Als im April 1978 in Genf der zweite Kongress stattfand, nahmen bereits 50 Organisationen aus 26 Ländern West-, Ost- und Südosteuropas, den USA, Indien und Pakistan teil, an dem dritten Kongress in Göttingen (1981) waren 300 Delegierte von 80 Organisationen aus 28 Staaten beteiligt. Die bis heute existierende IRU hat vor allem in den Anfangsjahren international für Aufmerksamkeit gesorgt und Roma Sitz und Stimme in wichtigen Gremien verschafft. 1979 erhielt die nichtstaatliche Organisation dank der Unterstützung Indiens beratenden Status im Wirtschafts- und Sozialrat der Vereinten Nationen, hat beratenden Status in der UNESCO, ist seit 1986 Mitglied der UNICEF und wurde 1990 in die OSZE aufgenommen.

Bürgerrechtsbewegungen in der Bundesrepublik Deutschland

In der Bundesrepublik Deutschland begründeten überlebende Sinti die erste Bürgerrechtsbewegung, weil ihre Bemühungen, NS-Täter vor Gericht zu stellen und eine Anerkennung als NS-Opfer durchzusetzen, keine Resonanz fanden. Die Brüder Oskar und Vinzenz Rose riefen 1956 den «Verband rassisch Verfolgter nichtjüdischen Glaubens» ins Leben, dem 1971 das von Vinzenz Rose gegründete «Zentralkomitee der Sinti Westdeutschlands» (ab 1972 «Verband der Sinti Deutschlands», VdS) folgte. Zu einer Politisierung einer größeren Anzahl von Sinti führte die willkürliche Erschießung des 53-jährigen Sinto Anton Lehmann am 31. Mai 1973 in Heidelberg. Auf der ersten Demonstration in der Geschichte der Minderheit in Deutschland, an der am 18. Juni 1973 in Heidelberg rund hundert Sinti teilnahmen, wurde eine Bestrafung des verantwortlichen Polizisten und ein Ende der Diskriminierung gefordert. Dieser Schritt an die Öffentlichkeit war für viele nicht selbstverständlich, zu tief saß seit dem «Dritten Reich» die Furcht, als Sinto oder Sintezza im jeweiligen Lebensumfeld gebrandmarkt und staatlicher Willkür ausgesetzt zu sein.

Eine Professionalisierung der Lobbyarbeit für Sinti erfolgte, als der VdS 1978 in der Göttinger «Gesellschaft für bedrohte Völker» und ihrem bis heute dort aktiven Generalsekretär Tilman Zülch einen Bündnispartner fand. Die GfbV gab von 1979 bis 1981 drei grundlegende Bände zur NS-Verfolgung und zur

Kontinuität des Rassismus heraus, betätigte sich als Türöffner für den VdS bei der Politik, unterstützte die Öffentlichkeitsarbeit des Verbandes und trug zum Gelingen des III. Welt-Roma-Kongresses 1981 in Göttingen bei. Romani Rose, ein Sohn von Oskar Rose, führte den VdS und mehrere Landesverbände zu dem 1982 gegründeten und mit Mitteln der Bundesregierung geförderten «Zentralrat Deutscher Sinti und Roma» zusammen, dessen Vorsitz er seitdem innehat. Auch das 1997 eröffnete «Dokumentations- und Kulturzentrum Deutscher Sinti und Roma» in Heidelberg entstand unter seiner Ägide.

Doch den Alleinvertretungsanspruch des Zentralrats wollten nicht alle Sinti anerkennen. So entstanden weitere Vereine deutscher Sinti, die jedoch nie den breiten Wirkungsgrad des Zentralrats erreichten. Auch Roma-Immigranten aus der «Gastarbeiter»-Generation und die seit den 1980er-Jahren Asyl suchenden Roma aus Südost-, Mittel- und Osteuropa sahen sich nicht durch den Zentralrat vertreten, weil sich dieser vor allem in den 1980er-Jahren von den Roma-Flüchtlingen distanzierte und die Verbesserung der Lebensverhältnisse in den Herkunftsländern favorisierte. Zahlreiche lokal und regional agierende Initiativen wie die «Rom und Cinti Union» in Hamburg, der «Rom e. V.» in Köln oder die «Roma Union» in Frankfurt am Main brachten mit öffentlichkeitswirksamen Kampagnen für ein Bleiberecht und mit Bildungsprojekten neue Akzente ein und trugen zu einer Pluralisierung der Bürgerrechtsbewegungen bei. Aufgrund der Zuwanderung von Roma seit den 1990er-Jahren sind Sinti heute aller Wahrscheinlichkeit nach nicht mehr die größte Teilgruppe der Minderheit in Deutschland. 2012 gründete sich der «Bundes Roma Verband» mit dem Anspruch, eine Dachorganisation für die in Deutschland aktiven Vereine osteuropäischer Roma zu sein.

Kampf gegen Rassismus Der Verband der Sinti Deutschlands hat seit den 1970er-Jahren durch gezielte Aktionen gegen Verantwortliche in Politik, Verwaltung und Wissenschaft auf die fortdauernde Diskriminierung und Kriminalisierung der Minderheit aufmerksam gemacht. Ein zentraler Ansatzpunkt war die Tatsache, dass in nicht wenigen Behörden und Universitäten, wie unten ausgeführte Beispiele zeigen, weiterhin rassenbiologische Anschauungen aus der NS-Zeit verbreitet wurden. Es fehlte ein Bewusstsein dafür, dass Sinti und Roma einem Völkermord zum Opfer gefallen waren. Angehörige der Minderheit waren Maßnahmen ausgesetzt, die zweifellos als skandalös empfunden worden wären, wenn sie die jüdische Minderheit getroffen hätten – wie die Registrierung der im KZ Auschwitz eintätowierten Nummern durch Polizeibehörden oder der Ausschluss von einer Entschädigung für die Deportation nach Auschwitz. Deshalb war die Aufklärung über die Verfolgung während der NS-Zeit und die Einforderung einer offiziellen Anerkennung des Völkermords stets Bestandteil der politischen Arbeit des VdS und des Zentralrats.

Einen wichtigen Erfolg konnte die Bürgerrechtsbewegung verbuchen, als sie mit der am 1. September 1981 unternommenen Besetzung des Tübinger Universitätsarchivs die seit Jahren geforderte Herausgabe von Akten der «Rassenhygienischen Forschungsstelle» an das Bundesarchiv erzwang. Diese Täterakten hatten die ehemaligen NS-Kriminalisten in der «Landfahrerzentrale» in Bayern, der Landauer Amtsarzt Dr. Hermann Arnold und Sophie Ehrhardt, eine der engsten Mitarbeiterinnen Robert Ritters und zu dieser Zeit Professorin am Anthropologischen Institut der Universität Tübingen, genutzt, um weiterhin über die angeblich angeborene Kriminalität und Minderwertigkeit von «Zigeunern» zu publizieren. Wie einflussreich dieser Kreis war, zeigt das Beispiel Arnolds. In zahlreichen Veröffentlichungen beschrieb er «Zigeuner und Zigeunermischlinge» als primitiv und «gemeinschaftsfremd» und forderte Anstaltsverwahrung und Sterilisation. Seit Anfang der 1960er-Jahre leitete er eine «Dokumentationsstelle für nicht sesshafte Personen» bei der Deutschen Akademie für Bevölkerungswissenschaft, wo er in Kooperation mit Polizei- und Meldebehörden Daten über «Zigeuner» sammelte. Bis Mitte der 1970er-Jahre gehörte Arnold außerdem dem 1967 gegründeten «Sachverständigenrat für Zigeunerfragen» beim Bundesfamilienministerium an und war als Berater von Polizeibehörden und Bundeskriminalamt sowie von kirchlichen Einrichtungen und Wohlfahrtsverbänden tätig. Auch in der «Arbeitsgruppe Landfahrer» des «Deutschen Vereins für öffentliche und private Fürsorge» machte er seinen Einfluss geltend.

Auch wenn die Delegitimierung dieser Schlüsselfiguren und ihrer Thesen heute gelungen zu sein scheint, ist die strukturelle Diskriminierung, denen Sinti seit der frühen Bundesrepublik ausgesetzt sind, weitaus schwieriger zu überwinden. Als öffentlich bekannt wurde, dass die Praktiken der «Landfahrerzentrale» gegen geltendes Recht verstoßen, wurde die Sondererfassung zwar offiziell beendet, aber in verschiedenen Kripostellen wird sie bis heute unter anderer Etikettierung weitergeführt. Statt «Landfahrer» benutzte man nun die Kürzel «HWAO» für «häufig wechselnder Aufenthaltsort», «TWE» für «Tageswohnungseinbrecher» oder jüngst «MEM» für «mobile ethnische Minderheit». Die Begriffe werden ausgetauscht, aber die Mechanismen der Stigmatisierung bleiben.

Anerkennung des Völkermords «Wir müssen über die entsetzlichen Geschehnisse des Krieges berichten, um den Roma bewusst zu machen, dass sie heute ihre letzte Chance haben. Vernichtung oder Assimilierung – zwei Aspekte des gleichen Schicksals – das ist die Alternative, mit der wir konfrontiert sind.» (Zit. nach Kenrick/Puxon, S. 152) Mit diesen Worten unterstrich der Linguist und Soziologe Jan Kochanowski, einer der wichtigsten Vordenker einer internationalen Roma-Bewegung, die Notwendigkeit einer Selbstbestimmung von Roma. Kochanowski, geboren 1920 in der Nähe von Krakau, verlor mehr als die Hälfte seiner Angehörigen während des Krieges. Er hatte gerade sein Studium in Riga begonnen, als die Wehrmacht einmarschierte. Zwei Mal gelang ihm die Flucht, bis er als Zwangsarbeiter an den Atlantikwall deportiert wurde, wo er erneut entkommen konnte und sich der Résistance anschloss. Er blieb in Frankreich, promovierte an der Sorbonne und in Toulouse und war bis zu seinem Tod im Jahr 2007 stets Mitglied des 2000 gebildeten Präsidiums der Romani Union. Wie Kochanowski hatten viele der Aktivisten des Londoner Kongresses persönlich die Verfolgungen während der NS-Zeit und des Zweiten Weltkriegs erlebt. Eine der in London gegründeten Kommissionen sollte sich daher mit der «Untersuchung von Kriegsverbrechen» befassen. 1972, ein Jahr nach dem Londoner Treffen, erschien die wegweisende Studie *The Destiny of Europe's Gypsies* von Donald Kenrick und Grattan Puxon, die erstmals den Völkermord an Roma und Sinti darstellte.

Die internationale Aufbruchsstimmung trug mit dazu bei, dass die Aktivitäten der deutschen Sinti eine größere Aufmerksamkeit erfuhren. Als Vinzenz Rose 1973 aus eigenen Mitteln auf dem Gelände des ehemaligen «Zigeunerlagers» in der Gedenkstätte Auschwitz-Birkenau das erste Denkmal für die ermordeten Sinti und Roma errichten ließ, wurde das kaum beachtet. Doch als der VdS zusammen mit der IRU und der GfbV am 27. Oktober 1979 in der KZ-Gedenkstätte Bergen-Belsen mit prominenten Rednerinnen und Rednern – darunter Simone Veil, Überlebende von Bergen-Belsen und damals Präsidentin des Europaparlaments, sowie der Vorsitzende der jüdischen Gemeinde zu Berlin, Heinz Galinski – eine internationale Gedenkkundgebung veranstaltete, wurden die Anliegen der Sinti einer breiteren Öffentlichkeit bekannt. Noch größer war die Resonanz, als sich zu Ostern 1980 zwölf Sinti des VdS in der KZ-Gedenkstätte Dachau in einen einwöchigen Hungerstreik begaben, um auf die rassistische Kontinuität aufmerksam zu machen. Vor allem die internationale Presse interessierte sich für die Aktion, zumal sich darunter Überlebende befanden, die ihre alte KZ-Häftlingskleidung trugen. Noch im gleichen Jahr übergab eine Delegation der IRU der Bundesregierung in Bonn ein «Memorandum zur Wiedergutmachungsfrage».

Doch die am 26. August 1981 vom Bundestag verabschiedete Regelung «für die Vergabe von Mitteln an Verfolgte nicht jüdischer Abstammung zur Abgeltung von Härten in Einzelfällen im Rahmen der Wiedergutmachung» – kurz «Härtefonds» genannt – enttäuschte alle Erwartungen. Die Vergabepraxis war derart restriktiv, dass 60 Prozent aller Anträge von Sinti und Roma abgelehnt wurden. Nur durch langwierige und belastende Verfahren schafften es Überlebende, ihre Ansprüche durchzusetzen. Daran änderte sich kaum etwas, als dem Zentralrat im März 1982 ein Durchbruch im Kampf um eine offizielle Anerkennung des Völkermordes gelang. Anlässlich eines Empfangs beim damaligen Bundeskanzler Helmut Schmidt erklärte dieser: «Den Sinti und Roma ist durch die NS-Diktatur schweres Unrecht zugefügt worden. Sie wurden aus rassischen Gründen verfolgt. Diese Verbrechen sind als Völkermord anzusehen.» Die vielen Überlebenden, die außerhalb Deutschlands beheimatet waren, blieben sowohl von der «Wiedergutmachung» als auch von den Zahlungen nach dem Härtefonds ausgeschlossen. Erst mit Hilfe der 2000 gegründeten Stiftung «Erinnerung, Verantwortung, Zukunft» für die Entschädigung von ehemaligen Zwangsarbeitern konnten auch Roma außerhalb Deutschlands eine – wenn auch geringe – Einmalzahlung erhalten, sofern sie die Antragsfrist einhalten und Nachweise beibringen konnten.

Opferkonkurrenz und Memorialisierung Es hat lange gedauert, bis die nationalsozialistische Verfolgung von Sinti und Roma wissenschaftlich erforscht wurde. Öffentlichkeitswirksame Debatten um den Völkermord entzündeten sich an der Frage, ob und wie die NS-Verfolgung von Sinti und Roma in Museen, Gedenkstätten und mit Denkmälern repräsentiert werden soll. Während der Planung des 1993 eröffneten United States Holocaust Memorial Museum (USHMM) in Washington wurde darüber gestritten, wie viel Platz anderen Opfergruppen gewidmet werden solle. Dabei unterstrich vor allem Yehudah Bauer, damals Professor für Holocaust Studies an der Hebrew University of Jerusalem, die Einzigartigkeit des Holocaust und behauptete, dass das NS-Regime gegenüber «Zigeunern» keine totale Vernichtungsabsicht gehegt habe und die Verfolgung nie genozidalen Charakter angenommen hätte. Sybil Milton, Historikerin am USHMM, und Ian Hancock, einer der einflussreichsten Roma-Intellektuellen, Professor an der University of Texas in Austin und von Bill Clinton in den Beirat des USHMM berufen, verwiesen dagegen auf Parallelen des Verfolgungsschicksals: Nur Sinti und Roma seien, wie Juden, familienweise und allein deshalb verfolgt worden, weil sie existierten; sie hätten auch dann nicht entkommen können, wenn sie ihr Verhalten oder ihre Überzeugungen geändert hätten.

Eine ähnliche Debatte setzte in der Bundesrepublik ein, als 1988 eine Bürgerinitiative die Idee für ein zentrales Holocaustmahnmal entwickelte, die zu dem am 10. Mai 2005 eingeweihten Denkmal für die ermordeten Juden Europas in Berlin führte. Vor allem der Zentralrat verwies darauf, dass nur Sinti und Roma wie Juden vom Säugling bis zum Greis mithilfe eines modernen, bürokratischen Staatsapparates erfasst, deportiert und ermordet worden seien, und forderte, beider Opfergruppen mit einem einzigen Mahnmal zu gedenken. Die Abwehr dieser Forderung war teils von antiziganistischen Stereotypen durchsetzt und wurde häufig ohne Kenntnis historischer Fakten geführt. Am 25. Juni 1999 entschied der Bundestag, dass das zu errichtende Denkmal ausschließlich den ermordeten Juden Europas gewidmet sein sollte. Dem Zentralrat war zuvor von der Bundesregierung die Errichtung eines eigenen Denkmals zugesichert worden. Am 24. Oktober 2012 wurde das von dem israelischen Künstler Dani Karavan entworfene «Denkmal für die im Nationalsozialismus ermordeten Sinti und Roma» in unmittelbarer Nähe des früheren Reichstagsgebäudes von der Bundeskanzlerin Angela Merkel der Öffentlichkeit übergeben.

Auf Initiative des Verbandes der Roma in Polen wird in enger Kooperation mit dem Dokumentations- und Kulturzentrum Deutscher Sinti und Roma seit 1994 der 2. August, der Jahrestag der Ermordung der letzten Häftlinge des «Zigeunerlagers» in Auschwitz-Birkenau, mit einer großen Gedenkveranstaltung auf dem historischen Gelände begangen. Das internationale Roma Youth Network «ternYpe», gegründet 2010, veranstaltet um diesen Jahrestag herum jeweils Treffen mit bis zu 1000 Jugendlichen aus ganz Europa in Krakau und in der Gedenkstätte Auschwitz-Birkenau. Und in Erinnerung an den Widerstand von Roma in Auschwitz-Birkenau wird der 16. Mai als «Romani Resistance Day» begangen, an dem die Mitglieder von ternYpe dazu aufgerufen werden, lokale Aktionen durchzuführen.

Das Denkmal für die im Nationalsozialismus ermordeten Sinti und Roma in Berlin, entworfen von Dani Karavan, wurde im Oktober 2012 eingeweiht.

Politik in Europa

Zeitenwende Mit dem ökonomischen und politischen Zerfall der Staatenwelt in Süd-, Mittel- und Osteuropa wurde die fragile Situation eines signifikanten Teils der dort lebenden Roma-Bevölkerung, insbesondere in Jugoslawien, der Tschechoslowakei, in Rumänien, Bulgarien und Ungarn, offenbar. Diskriminierung, gewalttätige Übergriffe und fehlende Zukunftsperspektiven ließen in vielen Familien den Entschluss reifen, die Heimat zu verlassen. Aus Jugoslawien, wo seit dem Tod Titos 1980 immer mehr nationalistische Konflikte auch auf Kosten der Minderheit ausgetragen wurden, wanderten seit den 1980er-Jahren zahlreiche Roma nach Italien, Frankreich und Österreich und von dort nach Belgien, in die Niederlande und die Bundesrepublik aus. Der Status vieler dieser Familien ist, zum Teil bis heute, ungesichert geblieben, weil Anträge auf Asyl abgelehnt und der jugoslawische Staat wegen «Beschädigung internationaler und anderer Interessen Jugoslawiens im Ausland» vielen die Staatsangehörigkeit entzogen hatte, was zu Staatenlosigkeit führte. Die lange Kette von Vertreibung, Abschiebung, erneuter Flucht und ungesichertem Aufenthalt wurde immer nur dort unterbrochen, wo sich zivilgesellschaftliche Initiativen über Jahre für ein dauerhaftes Bleiberecht einsetzten.

Die deutsch-deutsche Vereinigung sowie die Auflösung des «Ostblocks» und der Sowjetunion führten zu einer tiefgreifenden Transformation der ehemaligen sozialistischen Staatsökonomien mit vielen Gewinnern – aber auch vielen Verlierern. Zu den großen Verlierern gehörten auch die Roma, da eine große Mehrheit von ihnen mit dem Zerfall der Staatsbetriebe ihr Auskommen verlor. In der slowakischen Stadt Filákovo blieben von 8000 Beschäftigten eines Stahlwerks nach Privatisierung und Übernahme durch einen multinationalen Konzern innerhalb weniger Jahre nur noch 800 übrig. Hunderte Roma waren unter den Entlassenen. Ihre Chancen auf eine andere Stelle waren äußerst gering, da viele als ungelernte Arbeiter beschäftigt gewesen waren und auch in der Slowakei antiziganistische Parolen und Praktiken den Umbruch begleiteten. Roma waren daher seit 1989/90 nicht nur von Arbeitslosigkeit, sondern zusätzlich von Diskriminierung und Segregation sowie gewalttätigen Angriffen betroffen, die von den Staatsorganen forciert oder zumindest gedeckt wurden.

Es zählt zu den großen Versäumnissen der europäischen Staaten, dass dieser Marginalisierungsprozess nicht gestoppt wurde. In Deutschland gelang von 1991 bis 2004 zwar weitgehend eine staatlich gewollte und geförderte Einwanderung von rund 220 000 jüdischen Zuwandernden aus der Sowjetunion und rund 1,9 Millionen «Spätaussiedlern», doch als Anfang der 1990er-Jahre Roma aus Jugoslawien, Bulgarien und Rumänien einreisten, wurde dies mit rigoroser Abschiebepolitik und bilateralen «Rückübernahmeabkommen» beantwortet. In der Krise der deutsch-deutschen Vereinigung wurden Roma als «erste Vorboten einer Völkerwanderung aus dem Osten, assoziativ geradezu an die Hunnenstürme anknüpfend» (Herbert Heuss) mit den altbekannten negativen Stereotypen belegt. Die dadurch erzeugte pogromartige Stimmung gegen Flüchtlinge war Voraussetzung für die Änderung des Artikels 16 im Grundgesetz («Politisch Verfolgte genießen Asylrecht»), die der Bundestag am 26. Mai 1993 beschloss. Seitdem haben all diejenigen, die über ein EU-Land oder ein anderes Nachbarland («Drittstaatenregelung») oder aus einem «sicheren Herkunftsstaat» einreisen, formal keinen Anspruch auf Asyl; auch individuell begründete Asylanträge sind meist aussichtslos.

Minderheitenschutz Freizügigkeit für alle Bürgerinnen und Bürger innerhalb eines Staatenverbunds, dessen Wertekanon sich an der europäischen «Konvention zum Schutz der Menschenrechte und Grundfreiheiten» orientiert und der die Schaffung eines einheitlichen Sozial- und Wirtschaftsraumes anstrebt, waren stets die Ziele der Europäischen Union. Um die Grenzen innerhalb der EU-Staaten öffnen zu können, wurde gleichzeitig eine Abschottungspolitik nach außen betrieben, die nach einem im luxemburgischen Schengen unterzeichneten Abkommen ab dem 26. März 1995 in einer stetig wachsenden Anzahl europäischer Staaten umgesetzt wurde. Aufgrund der Verschärfung der Grenzkontrollen an den Außengrenzen der EU gelang es immer weniger Flüchtlingen, darunter auch denjenigen, die vor den Kriegen in den Staaten des früheren Jugoslawien flohen, in Staaten der EU zu gelangen.

Gerade die Kriege in Jugoslawien zeigten aber, wie verletzlich Angehörige von Minderheiten in Europa sind. Es war dann nicht die Europäische Union, sondern der Europarat mit seinen 47 Mitgliedstaaten, der ein «Rahmenübereinkommen zum Schutz nationaler Minderheiten» ausarbeitete, das am 1. Februar 1995 in Straßburg unterzeichnet wurde und individuelle sowie kollektive Rechte von Angehörigen von Minderheiten festschrieb. Die Europäische Kommission gegen Rassismus und Intoleranz (ECRI) des Europarates, die sehr genau die zahlreichen Menschenrechtsverletzungen gegen Roma überall in Europa beobachtete, empfahl allen Staaten am 6. März 1998, zur Bekämpfung der Diskriminierung von Roma und Sinti das Abkommen zu unterzeichnen und zu ratifizieren.

In verschiedenen Institutionen der EU war man sich – nicht zuletzt aufgrund von Eingaben aus dem EU-Parlament und von nichtstaatlichen Organisationen – bewusst, dass die Situation für einen Teil der Roma in den Staaten, die für die EU-Osterweiterung vorgesehen waren, kritisch war. Auch mit Blick auf die Roma-Minderheiten wurden die im Jahr 2004 beigetretenen Staaten Estland, Lettland, Litauen, Malta, Polen, Slowakei, Slowenien, Tschechien, Ungarn und Zypern sowie die im Jahr 2007 beigetretenen Staaten Bulgarien und Rumänien zur Ratifizierung des Rahmenübereinkommens angehalten, was mit Ausnahme Lettlands auch geschah. Es ist kennzeichnend für die Widersprüchlichkeiten europäischer Politik, dass in diesen neuen EU-Staaten Minderheitenrechte gelten, obwohl diskriminierende Praktiken fortbestehen, während einige der alten EU-Staaten wie Belgien, Frankreich und Griechenland das Rahmenübereinkommen noch nicht einmal unterschrieben oder ratifiziert haben.

In Deutschland sind Sinti und Roma wie Dänen, Friesen und Sorben inzwischen im Zuge des Rahmenübereinkommens, das die Bundesregierung 1997 unterzeichnet hat, als nationale Minderheit anerkannt. Der Status garantiert den Schutz vor Diskriminierung und eine aktive Förderung, unter anderem zur Herstellung von Chancengleichheit in Schule, Ausbildung und Beruf, die Erleichterung der politischen Partizipation und die Bewahrung der eigenständigen Kultur und kulturellen Identität. Die konkrete Umsetzung erfordert weitere Aushandlungsprozesse, die in Baden-Württemberg und Schleswig-Holstein in Form von Staatsverträgen weiter vorangeschritten sind. Ob das Rahmenübereinkommen allen in Deutschland lebenden Sinti und Roma nützen wird, muss noch offenbleiben, da es ausdrücklich nur für «deutsche Sinti und Roma» gilt.

Widersprüche europäischer Politik Auf dem Papier ist die Diskriminierung von Bürgern der EU verboten, doch die Praxis sieht anders aus. Als Frankreichs damaliger Präsident Nicolas Sarkozy 2010 mehr als 8000 Rumänen und Bulgaren, darunter eine hohe Anzahl von Roma, kollektiv in ihre Herkunftsländer abschieben ließ und damit gegen das Freizügigkeitsgebot in der EU verstieß, forderte das EU-Parlament zwar dazu auf, die Abschiebungen auszusetzen, doch ein Vertragsverletzungsverfahren wurde nicht eingeleitet.

Dennoch hoffen viele Organisationen von Sinti und Roma, dass die Diskriminierung in ihren Heimatländern durch Interventionen von europäischen Institutionen eingehegt oder überwunden werden kann. Kaum ein Monat vergeht, in dem nicht eine EU-Institution ein Memorandum, ein Programm oder einen Appell verfasst, in dem Roma thematisiert werden. Doch gleichzeitig werden darin zum Teil antiziganistische Stereotype reproduziert, indem Sinti und Roma generell als marginalisierte Gruppe und «fremde Kultur» erscheinen und das Bild einer «europäischen sozialen Randgruppe» erzeugt wird. Inzwischen wurde immerhin erreicht, dass die EU-Kommission am 7. April 2010 verkündete, Maßnahmen gegen die Ausgrenzung von Roma «in die großen Politikbereiche Bildung, Beschäftigung, öffentliche Gesundheit, Infrastruktur und Stadtplanung sowie wirtschaftliche und territoriale Entwicklung anstelle einer separaten Behandlung» einzubringen. Am 5. April 2011 verabschiedete die EU-Kommission die Erklärung «EU-Rahmen für nationale Strategien zur Integration der Roma bis 2020». Dass die einzelnen Mitgliedstaaten hiermit verpflichtet werden, die Lage in ihren Ländern zu verbessern, wird von Roma-Verbänden begrüßt. Kritisiert wird jedoch, dass nicht auch die Bekämpfung des Antiziganismus als eine zentrale Aufgabe der Mitgliedstaaten angesehen wird.

Ethnisierung von Armut Die Diskussion um «Armutszuwanderung», die in den letzten Jahren im Zuge der EU-Osterweiterung immer wieder für Schlagzeilen sorgte, ist ein Beispiel dafür, wie mit antiziganistischer Propaganda Politik gemacht wird. Obwohl niemand die Fakten kannte, wurde von vornherein davon ausgegangen, dass es sich bei den aus Bulgarien und Rumänien Eingereisten hauptsächlich um «Roma» handele. Und obwohl die Zahlen der Bundesagentur für Arbeit für das Jahr 2014 zeigten, dass der Anteil von Hartz-IV-Empfängern mit bulgarischer oder rumänischer Nationalität mit 12,9 Prozent sogar unter der Gesamtgruppe aller in Deutschland lebenden Menschen mit ausländischer Staatsangehörigkeit (16,9 Prozent) liegt, hielt sich hartnäckig die Behauptung, dass «Roma» allein wegen der üppigen Sozialleistungen nach Deutschland kämen. Im Fokus der Presse standen immer wieder Bewohnerinnen und Bewohner von «Problemhäusern» oder «Problemvierteln» in Duisburg und Dortmund, denen die teils skandalösen Verhältnisse angelastet wurden. Die eigentlichen Verantwortlichen, nämlich die Hauseigentümer, die Arbeitgeber und die Vermittlungsagenturen, die davon ökonomisch profitierten, blieben unerwähnt. Es wurde stattdessen suggeriert, Armut – und damit zusammenhängend Schmutz und Kriminalität – sei ein feststehendes Merkmal von «Roma».

Jean-Pierre Tabin, ein Soziologe aus Lausanne, hat ähnliche Entwicklungen in der Schweiz untersucht, wo in der Presse seit den 2000er-Jahren gegen «osteuropäische Roma-Bettelbanden» gehetzt wurde, so dass zahlreiche Städte «Bettelverbote» verhängten. Betteln wurde, so Tabin, dabei als eine für eine bestimmte Ethnie typische Lebens- und Erwerbsweise dargestellt, die der modernen Gesellschaft fremd sei und eine kriminelle Dimension habe. Als Tabin die vermeintlichen Bettelbanden genauer untersuchte, zeigte sich, dass die angetroffenen Personen aus einer vorübergehenden Notsituation heraus bettelten, keineswegs gewerbsmäßig. Die Polizei stellte keinen einzigen Fall fest, in dem Kinder zum Betteln missbraucht oder Menschenhandel betrieben wurde.

Historische Verantwortung? Anlässlich der Einweihung des Denkmals für die im Nationalsozialismus ermordeten Sinti und Roma am 24. Oktober 2012 wies Bundeskanzlerin Angela Merkel auf die historische Verantwortung Deutschlands hin und führte aus, dass sie den Auftrag zum Schutz von Minderheiten nicht nur im Blick auf die Schrecken der Vergangenheit, sondern als Auftrag für heute und für morgen verstehe. Doch weder Angela Merkel noch einer ihrer Vorgänger haben solchen Bekenntnissen jemals überzeugende Taten folgen lassen. Eine gute Gelegenheit dazu hätte sich angesichts der Roma-Flüchtlinge aus Jugoslawien und den Nachfolgestaaten geboten, aber solche oder ähnliche Überlegungen, wie sie der Aufnahme von jüdischen Flüchtlingen aus der Sowjetunion zugrunde lagen, wurden in Bezug auf Roma nicht angestellt.

Dabei ist schon früh auf den Zusammenhang von Verfolgung während des Zweiten Weltkriegs und der Marginalisierung und Diskriminierung nach 1945 aufmerksam gemacht worden. Besonders eindringlich tat dies der Bürgerrechtler und Roma-Aktivist Rudko Kawcynski, der 1956 als Zweijähriger mit der Familie aus Polen über Österreich nach Deutschland emigriert war. Mit der von ihm gegründeten Rom und Cinti Union (RCU) organisierte er am 18. Februar 1989 mit 20 Männern im Dokumentenhaus der KZ-Gedenkstätte Neuengamme einen Hungerstreik und forderte ein Ende der Vertreibung von Roma-Flüchtlingen. Nach zwei Wochen wurden Verhandlungen vereinbart. Als es zu keiner Einigung kam, begann am 29. August 1989 erneut in Neuengamme ein Protestcamp mit mehreren Hundert Personen, das der Hamburger Senat am 2. Oktober 1989 räumen ließ. In der Presseerklärung dazu hieß es, dass das Leid in der NS-Zeit «nicht die Instrumentalisierung der Gedenkstätte» rechtfertige. Doch die RCU erreichte immerhin, dass der Senat für 1500 Roma eine Aufenthaltsgenehmigung erteilte. Ausschlaggebend für diese Entscheidung war nicht eine Einsicht in die historische Verantwortung, sondern vielmehr die öffentliche Aufmerksamkeit und die Hartnäckigkeit, mit der die RCU das Anliegen vertreten hatte.

Ein unrühmliches Kapitel stellt bis heute das Verhalten der Bundesregierung gegenüber den Flüchtlingen aus dem Kosovokrieg dar, dem ersten Krieg, an dem sich die Bundesrepublik Deutschland beteiligte. Der damalige Außenminister Joschka Fischer rechtfertigte auf einem Sonderparteitag von Bündnis 90/Die Grünen am 13. Mai 1999 den NATO-Einsatz mit den Worten: «Auschwitz ist unvergleichbar. Aber ich stehe auf zwei Grundsätzen, nie wieder Krieg, nie wieder Auschwitz, nie wieder Völkermord, nie wieder Faschismus.» (Zit. nach http://www.spiegel.de)

Unter den Folgen des offiziell am 10. Juni 1999 beendeten Krieges leiden Roma aus dem Kosovo bis heute. Um 1990 lebten etwa 100 000 bis 150 000 gut integrierte Roma im Kosovo, die jedoch bald zwischen die Fronten einer sich nationalistisch zuspitzenden Auseinandersetzung zwischen Serben und Albanern gerieten. Nach dem Rückzug der serbischen Armee vertrieben albanische Extremisten Roma und Serben – unter den Augen der KFOR-Truppen. Es wurde gebrandschatzt, misshandelt und vergewaltigt. Die Bilanz des Kosovokrieges: Etwa zwei Drittel der Roma-Bevölkerung wurden vertrieben, und die 30 000 bis 35 000 im Kosovo verbliebenen Roma leben immer noch in provisorischen Unterkünften und Flüchtlingslagern. Auch die Lebenssituation der meisten Roma-Flüchtlinge aus dem Kosovo ist ungesichert. Dennoch haben Bundestag und Bundesrat die Möglichkeit eines Zuzugs nach Deutschland verbaut und den Weg für weitere Abschiebungen frei gemacht, indem sie 2014 Bosnien-Herzegowina, Mazedonien, Serbien und 2015 auch Albanien, den Kosovo und Montenegro zu sicheren Herkunftsstaaten erklärten.

Was für Deutschland gilt, gilt gleichermaßen für die anderen europäischen Länder: Ein Bewusstsein für eine historische Verantwortung fehlt. Die meisten Länder verstanden sich selbst als Opfer der kriegerischen Expansion des Deutschen Reiches und kaschierten damit die Kollaboration von Teilen der Bevölkerung, von Institutionen, Parteien und Regierungen bei der Verfolgung der Roma. In postsozialistischen Ländern führte eine Wende in der Erinnerungspolitik außerdem dazu, dass in einem neuen, nationalistischen und heroischen Geschichtsbild sogar Verbündete Hitlers, SS-Angehörige und Rassisten verehrt werden. Für eine Erinnerung an das Leid der Roma ist in solchen Entwürfen kein Platz. Eine der Forderungen, die Roma-Verbände immer wieder bei der EU vorbringen, ist daher die Aufnahme der Geschichte der Sinti und Roma in die Lehrpläne aller Schulen der Mitgliedsländer.

Am Beginn des neuen Jahrtausends

Institutioneller Wandel und Generationenwechsel Zu Beginn des neuen Jahrtausends lässt sich ein grundlegender Wandel in den Selbstorganisationen von Roma feststellen. Die International Romani Union hat im letzten Jahrzehnt an Einfluss verloren. Gründe dafür sind die Vielzahl der in der IRU vertretenen Organisationen, die Heterogenität der Roma-Communities, unterschiedliche Politikstile und -ziele und eine zunehmende Bürokratisierung und Verlagerung der Arbeit auf Funktionärsebene. Zugleich entstand mit der Gründung des «Roma National Congress» (RNC) durch Rudko Kawczynski in Hamburg eine weitere Dachorganisation, die explizit europäische Institutionen anspricht. Der nächste Schritt war im Juli 2004 die Bildung des «European Roma and Travellers Forum» (ERTF), dem Rudko Kawczynski als gewählter Präsident von Delegierten aus mehr als 30 Staaten von 2005 bis 2014 vorstand. Das ERTF repräsentiert den Übergang von der Bürgerrechtsbewegung hin zu einem Gremium, das bei politischen Entscheidungsprozessen auf europäischer Ebene als legitime Vertretung institutionell mit eingebunden ist: Es wird vom Europarat finanziell und personell unterstützt, unterhält seine Geschäftsstelle am Sitz des Europarates in Straßburg und hat einen privilegierten Zugang zu den Organen des Europarates.

Seit den 2000er-Jahren ist ein Generationenwechsel bei den politisch Aktiven festzustellen. Junge Rom und Romnja sowie Sinti und Sintizze verwahren sich gegen Vereinnahmungen sowohl durch Angehörige der Mehrheitsgesellschaft als auch der Minderheit. Dabei entstehen Initiativen, die sich quer zu den bisherigen Organisationen positionieren, wie etwa «IniRromnja», ein Zusammenschluss von Sinti- und Roma-Frauen unterschiedlicher Herkunft und mit verschiedenen inhaltlichen Positionen.

Politische Strategien Es ist umstritten, wie gut und wie weit staatliche Initiativen für eine Verbesserung der Lebenssituation von Roma wirken. Das gilt auch für das ambitionierte Programm, das unter dem klangvollen Namen «Dekade der Inklusion von Roma» von 2005 bis 2015 durchgeführt wurde. Finanziert wurde es von der Weltbank, der EU, diversen Regierungen und privaten Stiftungen wie den Open Society Foundations (OSF) des Mäzens George Soros. Albanien, Bosnien und Herzegowina, Bulgarien, Kroatien, Mazedonien, Montenegro, Rumänien, Serbien, die Slowakei, Spanien, die Tschechische Republik und Ungarn verpflichteten sich dazu, den wirtschaftlichen und sozialen Abstand zwischen Roma und den Mehrheitsgesellschaften abzubauen. Zeljko Jovanovic, Direktor des «Roma Initiatives Office» bei den OSF, zieht eine ernüchternde Bilanz. In den beteiligten Ländern gebe es lediglich kleine Fortschritte beim Zugang zur Gesundheitsversorgung oder dem Abschluss an Primarschulen zu vermelden. Nur einer von zehn Roma erreiche in diesen Ländern einen Abschluss auf einer weiterführenden Schule, fast die Hälfte der Roma-Bevölkerung sei ohne Arbeit, und ein Drittel lebe in absoluter Armut.

Als Hauptproblem benennt Jovanovic die fehlende Bereitschaft der Regierungen, etwas für eine Inklusion von Angehörigen der Minderheit zu unternehmen. Ihre Teilnahme an dem Programm sei rein taktischer Natur gewesen, um die Voraussetzungen für einen EU-Beitritt zu erfüllen. Vor dem Hintergrund der Auswirkungen der allgemeinen Finanzkrise seien jedoch viele Politiker nicht nur mit der Diffamierung von Roma auf Stimmenfang gegangen, sondern hätten auch Maßnahmen der Segregation vorangetrieben, was besonders in Ungarn und Bulgarien zu gewalttätigen und tödlichen Angriffen auf Roma geführt habe. Damit habe sich die Situation für viele Roma im Vergleich zu 2005 sogar verschlechtert. Kritisiert wurde außerdem, dass von der «Roma-Dekade» in erster Linie Verwaltungsangestellte, Experten oder Angehörige von internationalen Organisationen und Nichtregierungsorganisationen profitiert haben. Deren primäres Interesse bestehe darin, Roma als exkludierte Minderheit zu erhalten, um die eigene berufliche Karriere zu befördern. Viele Aktivisten rücken daher Partizipation und Bildung als Voraussetzung für einen erfolgreichen Kampf um eine gleichberechtigte Teilhabe in den Mittelpunkt.

Ein weiterer Ansatz, der in den letzten Jahren vor allem in interkulturellen Jugendorganisationen wie «Amaro Drom» und «Amaro Foro» in Berlin oder «Terno Drom» in Düsseldorf vorangetrieben wurde, ist der des Empowerments. Jugendliche unterschiedlicher Herkunft erhalten in Seminaren, Workshops und auf Bildungsreisen einen Raum für Selbstbewusstsein und Selbstbehauptung, tauschen sich über die Folgen des Antiziganismus aus und entwickeln Strategien zur Übernahme von Verantwortung für gegenseitigen Respekt.

Die eigene Geschichte Seit der zweiten Hälfte des 20. Jahrhunderts haben sich zunehmend Sinti und Roma selbst zu Wort gemeldet, um Zeugnis vom NS-Völkermord abzulegen und sichtbar als historische Subjekte zu agieren. In ihren Autobiographien oder autobiographisch motivierten Romanen schildern die Österreicherin Ceija Stojka, der Ungar Menyhért Lakatos, die Deutschen Philomena Franz und Otto Rosenberg, der Franzose Matéo Maximoff, die Slowakin Ilona Lacková und viele andere nicht nur ihr Leben im Angesicht der Verfolgung, sondern behandeln auch Fragen von Identität, Tradition und Umbruch, Generationen- und Rollenkonflikte sowie die Verortung innerhalb der Gesellschaft, in der sie leben. Indem sie die eigene Geschichte reflektieren, eignen sie sich diese in einer authentischen und vielstimmigen Weise an, so dass stereotypisierende Blicke unterlaufen werden. Über den unmittelbar biographischen Ansatz hinaus sind Angehörige der Minderheit zunehmend in Disziplinen wie der Literatur-, Sozial- und Geschichtswissenschaft präsent.

Auch in Kunst und Kultur sind Roma und Sinti in den letzten Jahrzehnten sichtbarer geworden als je zuvor – und zwar nicht als dargestellte Objekte, sondern als individuelle Kulturschaffende, die ihre Positionen in der etablierten Kunstszene zu Gehör bringen. Beispiele dafür sind das von 2011 bis 2013 durchgeführte EU-Projekt «Romanistan» oder die seit 2011 in der Berliner Galerie Kai Dikhas («Ort des Sehens») gezeigten Ausstellungen. Ein Schlüsselereignis war der erste Roma-Pavillon auf der Biennale in Venedig im Jahr 2007, den die Budapester

Kunsthistorikerin Timea Junghaus kuratiert hat. Unter dem Titel «Paradise lost» präsentierten sechzehn Künstlerinnen und Künstler aus acht europäischen Ländern ihre Werke. Die Roma-Aktivistin Junghaus setzt in ihrer kulturellen Inklusionsstrategie darauf, Kulturschaffende der Minderheit aus der ihnen vom Kunstmarkt zugewiesenen ethnisch-folkloristischen Nische zu befreien. Sie beteiligte sich außerdem am Aufbau eines maßgeblich von Roma und Romnja kuratierten digitalen Archivs für Kunst der Sinti und Roma. Das von der Kulturstiftung des Bundes finanzierte Projekt «RomArchive» ist seit Januar 2019 im Internet präsent.

Anlass für Hoffnungen macht derzeit außerdem das «European Roma Institute for Arts and Culture» (ERIAC). Unterstützt von Europarat und Open Society Foundations soll das ERIAC als unabhängige Organisation in den Bereichen Kunst, Kultur, Geschichte und Medien wirken, um das Selbstbewusstsein von Roma zu stärken und Vorurteile abzubauen. Zahlreiche Roma-Intellektuelle sehen in diesem Institut einen historisch bedeutenden Versuch, das immer noch weit verbreitete kolonialistische, exotisierende und paternalistische Reden über Sinti und Roma zu überwinden. Im Sommer 2017 nahm das ERIAC mit Sitz in Berlin seine Arbeit auf.

Dank

Viele Kolleginnen und Kollegen haben mit innovativen Forschungsarbeiten in den letzten Jahren den Weg dafür bereitet, dass dieser Band überhaupt geschrieben werden konnte. Elizabeta Jonuz und Martin Holler gaben mir hilfreiche Anregungen und Hinweise. Cornelia Baddack hat durch ihr Korrektorat zahlreiche Verbesserungen angeregt. Ulrich F. Opfermann und Frank Reuter nahmen es auf sich, das Manuskript durchzusehen. Sie trugen wie Ulrich Nolte, der vonseiten des Verlages den Band engagiert begleitet hat, zu klaren Formulierungen und Gewichtungen bei. Ihnen allen sei herzlich gedankt.

Literaturhinweise

Biographische und literarische Zeugnisse

Bislimi, Nizaqete: Durch die Wand. Von der Asylbewerberin zur Rechtsanwältin, Köln 2015

Djuric, Rajko: Zigeunerische Elegien. Gedichte in Romani und Deutsch, Hamburg 1989

Florian, Reinhard: Ich wollte nach Hause, nach Ostpreußen! Das Überleben eines deutschen Sinto, hg. von Jana Mechelhoff-Herezi und Uwe Neumärker, Berlin 2012

Franz, Philomena: Zwischen Liebe und Haß. Ein Zigeunerleben, Freiburg/Basel/Wien 1985

Gurême, Raymond: Interdit aux nomades. Avec Isabelle Ligner, Paris 2011

Guth, Karin: Z 3105. Der Sinto Walter Winter überlebt den Holocaust, Hamburg 2009

Lacková, Ilona: A false dawn. My life as a Gypsy woman in Slovakia. Recorded, translated from Romani and edited by Milena Hübschmannová, Hertfordshire 1999

Lakatos, Menyhért: Bitterer Rauch. Ein Zigeunerroman, Stuttgart 1978

Lessing, Alfred: Mein Leben im Versteck. Wie ein deutscher Sinti den Holocaust überlebte. Mit einem Vorwort von Günter Wallraff, Düsseldorf 1993

Malinowski, Krimhilde: Das Schweigen wird gebrochen. Erinnerungen einer Sintezza an den Nationalsozialismus, Bayreuth 2003

Maximoff, Matéo: Verdammt zu leben. Zigeunerroman, Bern 1988

Mettbach, Theresia (= Theresia N.): Als Kind nach Polen deportiert. Lebensbericht einer Hürther Sintezza, in: Hürther Heimat, Bd. 84, 2005, S. 69–82

Müller, Joseph Muscha: Und weinen darf ich auch nicht... Ausgrenzung, Sterilisation, Deportation. Eine Kindheit in Deutschland, Berlin 2002

Nikolić, Jovan: Weißer Rabe, schwarzes Lamm, Klagenfurt 2011

Papuszas (= Bronisława Wajs) gesprochene Lieder. Ausgewählt und übertragen von Karin Wolff, Frankfurt an der Oder 2011

«Polizeilich zwangsentführt». Das Leben der Sintizza Lily van Angerer-Franz, von ihr selbst erzählt. Aufgezeichnet von Henny Clemens und Dick Berts, hg. von Hans-Dieter Schmid, aus dem Niederländischen übersetzt von Martina den Hertog-Vogt, Hildesheim 2004

Reinhardt, Dotschy: Gypsy. Die Geschichte einer großen Sinti-Familie, Frankfurt am Main 2008

Rosenberg, Marianne: Kokolores. Autobiographie, Berlin 2006
Rosenberg, Otto: Das Brennglas. Aufgezeichnet von Ulrich Enzensberger, Frankfurt am Main 1998
Stojka, Ceija: Wir leben im Verborgenen. Erinnerungen einer Rom-Zigeunerin, hg. von Karin Berger, Wien 1988
Stojka, Ceija: Sogar der Tod hat Angst vor Auschwitz. Ausstellungskatalog, hg. von Lith Bahlmann und Matthias Reichelt, Nürnberg 2014
Stojka, Karl/Pohanka, Reinhard: Auf der ganzen Welt zu Hause. Das Leben und Wandern des Zigeuners Karl Stojka, Wien 1994
Taikon, Katarina: Katitzi. Das Leben eines Zigeunermädchens in Schweden, 13 Bände, Aachen 1996–2001 (nicht autorisierte Übersetzung der 1969–1981 erschienenen schwedischen Erstausgabe)
Tuckermann, Anja: «Denk nicht, wir bleiben hier!» Die Lebensgeschichte des Sinto Hugo Höllenreiner, München/Wien 2005
«Und wir waren auch Naturmenschen». Der autobiographische Bericht des Sinti-Musikers und Geigenbauers Adolf Boko Winterstein und andere persönliche Dokumente von und über Sinti und Roma, hg. von Erich Renner, Frankfurt am Main u.a. 1997
Wagenaar, Aad: Settela. Het meisje heeft haar naam terug, Amsterdam/Antwerpen 1995
Weisz, Zoni: Der vergessene Holocaust. Mein Leben als Sinto, Unternehmer und Überlebender, München 2018
Winter, Walter Stanoski: WinterZeit. Erinnerungen eines deutschen Sinto, der Auschwitz überlebt hat, hg. von Thomas W. Neumann und Michael Zimmermann, Hamburg 1999

Sekundärliteratur

Antiziganismus. Soziale und historische Dimensionen von «Zigeuner»-Stereotypen, hg. vom Dokumentations- und Kulturzentrum Deutscher Sinti und Roma, Heidelberg 2015
Alfaro, Antonio Gómez: The Great Gypsy Round-up. Spain: the general imprisonment of Gypsies in 1749, Madrid 1993
Baar, Huub van: The European Roma. Minority Representation, Memory and the Limits of Transnational Governmentality, Amsterdam 2011
Baumgartner, Gerhard: «Zigeuner»-Fotografie aus den Ländern der Habsburgermonarchie im 19. und frühen 20. Jahrhundert, in: Peritore, Silvio/Reuter, Frank (Hg.): Inszenierung des Fremden. Fotografische Darstellung von Sinti und Roma im Kontext der historischen Bildforschung, Heidelberg 2011, S. 133–161
Baumgartner, Gerhard/Belgin, Tayfun: Roma & Sinti. ‹Zigeuner-Darstellungen› der Moderne, Wien 2007
Benz, Wolfgang: Sinti und Roma: Die unerwünschte Minderheit. Über das Vorurteil Antiziganismus, Berlin 2014

Bessonow, Nikolaj: Tsiganskaya tragediya 1941–1945. Fakty, dokumenty, vospominaniya. Tom. 2: Vooruzhonnyi otpor [Die Tragödie der Zigeuner 1941–1945. Fakten, Dokumente, Erinnerungen, Band 2: Bewaffneter Widerstand], Sankt Petersburg 2010

Bogdal, Klaus-Michael: Europa erfindet die Zigeuner. Eine Geschichte von Faszination und Verachtung, Berlin 2011

Bonillo, Marion: «Zigeunerpolitik» im Deutschen Kaiserreich 1871–1918, Frankfurt am Main 2001

End, Markus: Antiziganismus in der deutschen Öffentlichkeit. Strategien und Mechanismen medialer Kommunikation, Heidelberg 2014

End, Markus: Antiziganismus. Zur Verteidigung eines wissenschaftlichen Begriffs in kritischer Absicht, in: Antiziganismus. Soziale und historische Dimensionen von «Zigeuner»-Stereotypen, hg. vom Dokumentations- und Kulturzentrum Deutscher Sinti und Roma, Heidelberg 2015, S. 54–72

Europarat (Hg.): Roma | Geschichte. Datenblätter zur Geschichte der Roma. Projekt «Education of Roma Children in Europe», in: http://www.coe.int/t/dg4/education/roma/histoCulture_en.asp

European Roma Rights Centre (ed.): The Glass Box: Exclusion of Roma from Employment, Budapest 2007

Fings, Karola: Opferkonkurrenzen. Debatten um den Völkermord an den Sinti und Roma und neue Forschungsperspektiven, in: S: I. M. O. N. – Shoah: Intervention. Methods. Documentation, 2 (2015), S. 79–101

Fings, Karola: Nationalsozialistische Zwangslager für Sinti und Roma, in: Wolfgang Benz und Barbara Distel (Hg.): Der Ort des Terrors. Geschichte der nationalsozialistischen Konzentrationslager, Band 9, München 2009, S. 192–217

Fings, Karola/Lissner, Cordula/Sparing, Frank: «... einziges Land, in dem Judenfrage und Zigeunerfrage gelöst.» Die Verfolgung der Roma im faschistisch besetzten Jugoslawien 1941–1945, Köln 1992

Fings, Karola/Sparing, Frank: Rassismus – Lager – Völkermord. Die nationalsozialistische Zigeunerverfolgung in Köln, Köln 2005

Fischer von Weikersthal, Felicitas/Garstka, Christoph/Heftrich, Urs/Löwe, Heinz-Dietrich (Hg.): Der nationalsozialistische Genozid an den Roma Osteuropas. Geschichte und künstlerische Verarbeitung, Köln/Weimar/Wien 2008

Fraser, Angus: The Gypsies, 7. Auflage, Oxford 2001 (Erstauflage 1995)

Freund, Florian/Baumgartner, Gerhard/Greifeneder, Harald: Vermögensentzug, Restitution und Entschädigung der Roma und Sinti, Wien/München 2004

Fricke, Thomas: «Zigeuner» im Zeitalter des Absolutismus. Bilanz einer einseitigen Überlieferung. Eine sozialgeschichtliche Untersuchung anhand südwestdeutscher Quellen, Pfaffenweiler 1996

Friedlander, Henry: Der Weg zum NS-Genozid. Von der Euthanasie zur Endlösung, Berlin 2002

Giere, Jacqueline (Hg.): Die gesellschaftliche Konstruktion des Zigeuners. Zur Genese eines Vorurteils, Frankfurt am Main/New York 1996

Gilsenbach, Reimar: Weltchronik der Zigeuner. Teil 1: Von den Anfängen bis 1599, 2. korrigierte und ergänzte Auflage, Frankfurt am Main u. a. 1997

Gronemeyer, Reimer (Hg.): Zigeuner im Spiegel früher Chroniken. Quellen vom 15. bis zum 18. Jahrhundert, Gießen 1987

Härter, Karl: Kriminalisierung, Verfolgung und Überlebenspraxis der «Zigeuner» im frühneuzeitlichen Mitteleuropa, in: Yaron Matras, Hans Winterberg und Michael Zimmermann (Hg.): Sinti, Roma, Gypsies. Sprache – Geschichte – Gegenwart, Berlin 2003, S. 41–81

Hancock, Ian: We are the Romany people. Ame sam e Rromane džene, Hatfield 2002

Heinrich-Böll-Stiftung in Kooperation mit Isidora Randjelović und Jane Schuch (Hg.): Perspektiven und Analysen von Sinti und Rroma in Deutschland, Heimatkunde-Dossier, Dezember 2014

Heinschink Mozes F./Hemetek, Ursula (Hg.): Roma. Das unbekannte Volk. Schicksal und Kultur, Wien/Köln/Weimar 1994

Heun, Jessica: Minderheitenschutz der Roma in der Europäischen Union, Berlin 2011

Heuss, Herbert: Roma und Minderheitenrechte in der EU. Anspruch und Wirklichkeit, in: Aus Politik und Zeitgeschichte, 22–13/2011, S. 21–27

Höhne, Werner Kurt: Die Vereinbarkeit der deutschen Zigeunergesetze und -verordnungen mit dem deutschen Recht, insbesondere der Reichsverfassung, Jur. Diss. Heidelberg o. J. (1929)

Holl, Kurt (Hg.): Die vergessenen Europäer. Kunst der Roma – Roma in der Kunst. Ein Projekt des Rom e. V. Köln in Kooperation mit dem Kölnischen Stadtmuseum, Köln 2009

Holler, Martin: Der nationalsozialistische Völkermord an den Roma in der besetzten Sowjetunion (1941–1944). Gutachten für das Dokumentations- und Kulturzentrum Deutscher Sinti und Roma, Heidelberg 2009

Jonuz, Elizabeta: Stigma Ethnizität. Wie zugewanderte Romafamilien der Ethnisierungsfalle begegnen, Opladen/Farmington Hills 2009

Kenrick, Donald/Puxon, Grattan/Zülch, Tilman: Die Zigeuner. Verkannt, verachtet, verfolgt, Hannover 1980

Kenrick, Donald/Puxon, Grattan: Sinti und Roma. Die Vernichtung eines Volkes im NS-Staat, Göttingen 1981

Kenrick, Donald (ed.): The Gypsies during the Second World War, Vol. 3: The Final Chapter, Hertfordshire 2006

Knesebeck, Julia von dem: The Roma Struggle for Compensation in Post-War Germany, Hertfordshire 2011

König, Ulrich: Sinti und Roma unter dem Nationalsozialismus. Verfolgung und Widerstand, Bochum 1989

Krauss, Joachim: Die Festschreibung des mitteleuropäischen Zigeunerbildes. Eine Quellenkritik anhand des Werkes von Heinrich M. G. Grellmann, in: Jahrbuch für Antisemitismusforschung 19 (2010), S. 33–56

Krokowski, Heike: Die Last der Vergangenheit. Auswirkungen nationalsozialistischer Verfolgung auf deutsche Sinti, Frankfurt am Main 2001
Kubica, Helena/Setkiewicz, Piotr: The Last Stage of the Functioning of the Zigeunerlager in the Birkenau Camp (May–August 1944), in: Memoria. Memory–History–Education, No. 10, July 2018, p. 6–15
Leugers, Antonia: «Die Kirche soll einschreiten». Hilferufe von Sinti und Roma angesichts ihrer Deportation, in: theologie.geschichte, Bd. 8, 2013
Lucassen, Leo: Zigeuner. Die Geschichte eines polizeilichen Ordnungsbegriffes in Deutschland 1700–1945, Köln u. a. 1996
Margalit, Gilad: Die Nachkriegsdeutschen und «ihre Zigeuner». Die Behandlung der Sinti und Roma im Schatten von Auschwitz, Berlin 2001
Marushiakova, Elena/Veselin Popov: Gypsies in the Ottoman Empire, Hertfordshire 2001
Matras, Yaron/Winterberg, Hans/Zimmermann, Michael (Hg.): Sinti, Roma, Gypsies. Sprache – Geschichte – Gegenwart, Berlin 2003
Mengersen, Oliver von (Hg.): Sinti und Roma. Eine deutsche Minderheit zwischen Diskriminierung und Emanzipation, Bonn/München 2015
Opfermann, Ulrich Friedrich: «Seye kein Zigeuner, sondern kayserlicher Cornet». Sinti im 17. und 18. Jahrhundert. Eine Untersuchung anhand archivalischer Quellen, Berlin 2007
OSCE Office for Democratic Institutions and Human Rights (ed.): Annual Report 2014, Warschau 2015
Pankok, Eva/Rose, Romani (Hg.): Otto Pankok. Sinti-Porträts 1931 bis 1949. Kohlebilder – Druckgrafik – Plastik, Heidelberg 2008
Patrut, Iulia-Karin: Phantasma Nation. ‹Zigeuner› und Juden als Grenzfiguren des ‹Deutschen› (1770–1920), Würzburg 2014
Patrut, Iulia-Karin/Guţu, George/Uerlings, Herbert (Hg.): Fremde Arme – arme Fremde. ‹Zigeuner› in Literaturen Mittel- und Osteuropas, Frankfurt am Main 2007
Reconsidering Roma. Aspects of Roma and Sinti Life in Contemporary Art, hg. von Lith Bahlmann und Matthias Reichelt, Göttingen 2011
Reemtsma, Katrin: Sinti und Roma. Geschichte, Kultur, Gegenwart, München 1996
Reuter, Frank: Der Bann des Fremden. Die fotografische Konstruktion des ‹Zigeuners›, Göttingen 2014
Rose, Romani: Bürgerrechte für Sinti und Roma. Das Buch zum Rassismus in Deutschland, hg. vom Zentralrat Deutscher Sinti und Roma, Heidelberg 1987
Rose, Romani (Hg.): «Den Rauch hatten wir täglich vor Augen». Der nationalsozialistische Völkermord an den Sinti und Roma, Heidelberg 1999
Rose, Romani (Hg.): Der nationalsozialistische Völkermord an den Sinti und Roma. Katalog zur ständigen Ausstellung im Staatlichen Museum Auschwitz, Heidelberg 2003
Schär, Bernhard C./Ziegler, Béatrice (Hg.): Antiziganismus in der Schweiz und in Europa. Geschichte, Kontinuitäten und Reflexionen, Zürich 2014

Sparing, Frank: Das «Zigeunerwohngebiet» im Ghetto Lodz 1941/1942, in: Christoph Dieckmann und Babette Quinkert (Hg.): Im Ghetto 1939–1945. Neue Forschungen zu Alltag und Umfeld, Göttingen 2009, S. 136–170
Steiner, Stephan: Rückkehr unerwünscht. Deportationen in der Habsburgermonarchie der Frühen Neuzeit und ihr europäischer Kontext, Wien/Köln/Weimar 2014
Tcherenkov, Lev/Laederich, Stéphane: The Rroma. Otherwise known as Gypsies, Gitanos, Tsiganes, Tigani, Çingene, Zigeuner, Bohémiens, Travellers, Fahrende etc., Basel 2004
United States Holocaust Memorial Museum (ed.): Roma and Sinti. Under-Studied Victims of Nazism. Symposium Proceedings, Washington D. C. 2002
Universität Graz (Hg.): RomBase. Didactically edited information about Roma, in: http://rombase.uni-graz.at
Uerlings, Herbert/Iulia-Karin Patrut (Hg.): ‹Zigeuner› und Nation. Repräsentation – Inklusion – Exklusion, Frankfurt am Main u. a. 2008
Verein erinnern.at: Das Schicksal der europäischen Roma und Sinti während des Holocaust, bearb. von Gerhard Baumgartner, in: http://www.romasintigenocide.eu
Wagner, Patrick: Volksgemeinschaft ohne Verbrecher. Konzeptionen und Praxis der Kriminalpolizei in der Zeit der Weimarer Republik und des Nationalsozialismus, Hamburg 1996
Weiss-Wendt, Anton (ed.): The Nazi Genocide of the Roma. Reassessment and Commemoration, New York/Oxford 2015
Widmann, Peter: An den Rändern der Städte. Sinti und Jenische in der deutschen Kommunalpolitik, Berlin 2001
Willems, Wim: In Search of the True Gypsy. From Enlightenment to final Solution, London/Portland (Oregon) 1997
Wippermann, Wolfgang: Wie die Zigeuner. Antisemitismus und Antiziganismus im Vergleich, Berlin 1997
Zimmermann, Michael: Rassenutopie und Genozid. Die nationalsozialistische «Lösung der Zigeunerfrage», Hamburg 1996
Zimmermann, Michael (Hg.): Zwischen Erziehung und Vernichtung. Zigeunerpolitik und Zigeunerforschung im Europa des 20. Jahrhunderts, Stuttgart 2007
Zülch, Tilman (Hg.): In Auschwitz vergast, bis heute verfolgt. Zur Situation der Roma (Zigeuner) in Deutschland und Europa, Reinbek 1979

Bildnachweis

Seite 23: Paris, Musée du Louvre, Foto: Zeno.org | *Seite 44:* Stadtmuseum Nördlingen, Nr. 1698 b | *Seite 60:* The J. Paul Getty Museum, Los Angeles, © J. Paul Getty Trust | *Seite 75:* Yad Vashem Photo Archive | *Seite 109:* © Nihad Nino Pušija

Anzahl von Roma und verwandten Gruppen* in Europa

nach Schätzungen des Europarats
(kursiv: Mitgliedstaaten der EU)

Staat	Mittlerer Schätzwert	in Prozent der Gesamt-bevölkerung
Albanien	115 000	3,59 %
Andorra	k. A.	0,00 %
Armenien	2 000	0,06 %
Aserbeidschan	2 000	0,02 %
Belarus	47 500	0,50 %
Belgien	30 000	0,28 %
Bosnien und Herzegowina	58 000	1,54 %
Bulgarien	750 000	9,94 %
Dänemark	2 500	0,05 %
Deutschland	105 000	0,13 %
Estland	1 050	0,08 %
Finnland	11 000	0,21 %
Frankreich	400 000	0,62 %
Georgien	2 000	0,04 %
Griechenland	175 000	1,55 %
Großbritannien	225 000	0,36 %
Irland	37 500	0,84 %
Island	k. A.	0,00 %
Italien	150 000	0,25 %
Kosovo	37 500	2,07 %
Kroatien	35 000	0,79 %
Lettland	12 500	0,56 %
Liechtenstein	k. A.	0,00 %
Litauen	3 000	0,09 %
Luxemburg	300	0,06 %
Malta	k. A.	0,00 %
Mazedonien	197 000	9,56 %
Moldawien	107 100	3,01 %
Monaco	k. A.	0,00%
Montenegro	20 000	3,17%

Niederlande	40 000	0,24 %
Norwegen	10 100	0,21 %
Österreich	35 000	0,42 %
Polen	32 500	0,09 %
Portugal	52 000	0,49 %
Rumänien	1 850 000	8,63 %
Russische Föderation	825 000	0,58 %
San Marino	k. A.	0,00 %
Schweden	50 000	0,53 %
Schweiz	30 000	0,38 %
Serbien (ohne Kosovo)	600 000	8,23 %
Slowakische Republik	490 000	9,02 %
Slowenien	8 500	0,41 %
Spanien	750 000	1,63 %
Tschechische Republik	200 000	1,90 %
Türkei	2 750 000	3,78 %
Ukraine	260 000	0,57 %
Ungarn	750 000	7,49 %
Zypern	1 250	0,11 %
Anzahl in Europa	**11 260 300**	**1,36 %**
davon Europarat (47 Staaten)	11 175 300	1,37 %
davon *Europäische Union* (28 Staaten)	6 197 100	1,22 %

* Roma und verwandte Gruppen wie Travellers u. a. sowie Roma-Immigranten
k. A.: keine Angabe/keine Daten vorhanden
letzte Aktualisierung: Juli 2012
Quelle: http://www.coe.int/de/web/portal/roma